VORWORT

Die Sammlung "Alles wird gut!" von T&P Books ist für Menschen, die für Tourismus und Geschäftsreisen ins Ausland reisen. Die Sprachführer beinhalten, was am wichtigsten ist - die Grundlagen für eine grundlegende Kommunikation. Dies ist eine unverzichtbare Reihe von Sätzen um zu "überleben", während Sie im Ausland sind.

Dieser Sprachführer wird Ihnen in den meisten Fällen helfen, in denen Sie etwas fragen müssen, Richtungsangaben benötigen, wissen wollen wie viel etwas kostet usw. Es kann auch schwierige Kommunikationssituationen lösen, bei denen Gesten einfach nicht hilfreich sind.

Dieses Buch beinhaltet viele Sätze, die nach den wichtigsten Themen gruppiert wurden. Ein separater Teil des Buches bietet auch ein kleines Wörterbuch mit mehr als 1.500 wichtigen und nützlichen Wörtern. Das Wörterbuch beinhaltet eine praktische Transkription jedes Fremdworts.

Nehmen Sie den "Alles wird gut" Sprachführer mit Ihnen auf die Reise und Sie werden einen unersetzlichen Begleiter haben, der Ihnen helfen wird, Ihren Weg aus jeder Situation zu finden und Ihnen beibringen wird keine Angst beim Sprechen mit Ausländern zu haben.

INHALTSVERZEICHNIS

T&P Books Publishing

Reisesprachführersammlung
"Alles wird gut!"

T&P Books Publishing

SPRACHFÜHRER

— ARABISCH —

Die nützlichsten Wörter und Sätze

Dieser Sprachführer
beinhaltet die häufigsten
Sätze und Fragen,
die für die grundlegende
Kommunikation mit
Ausländern benötigt wird

Andrey Taranov

T&P BOOKS

Sprachführer + Wörterbuch mit 1500 Wörtern

Sprachführer Deutsch-Arabisch und Kompaktwörterbuch mit 1500 Wörtern

Von Andrey Taranov

Die Sammlung "Alles wird gut!" von T&P Books ist für Menschen, die für Tourismus und Geschäftsreisen ins Ausland reisen. Die Sprachführer beinhalten, was am wichtigsten ist - die Grundlagen für eine grundlegende Kommunikation. Dies ist eine unverzichtbare Reihe von Sätzen um zu "überleben", während Sie im Ausland sind.

Ein weiterer Teil des Buches bietet auch ein kleines Wörterbuch mit über 1.500 alphabetisch angeordneten, nützlichen Wörtern. Das Wörterbuch beinhaltet viele gastronomische Begriffe und wird Ihnen hilfreich bei der Bestellung von Essen in einem Restaurant oder beim Kauf von Lebensmitteln im Lebensmittelgeschäft sein.

T&P Books Publishing
www.tpbooks.com

ISBN: 978-1-78716-936-4

Dieses Buch ist auch im E-Book Format erhältlich.
Besuchen Sie uns auch auf www.tpbooks.com oder auf einer der bedeutenden Buchhandlungen online.

AUSSPRACHE

T&P phonetisches Alphabet	Arabisch Beispiel	Deutsch Beispiel
[a]	[ṭaffa] طَفَّى	schwarz
[ā]	[iχtār] إختار	Zahlwort
[e]	[hamburger] هامبورجر	Pferde
[i]	[zifāf] زفاف	ihr, finden
[ī]	[abrīl] أبريل	Wieviel
[u]	[kalkutta] كلكتا	kurz
[ū]	[ʒāmūs] جاموس	über
[b]	[bidāya] بداية	Brille
[d]	[sa'āda] سعادة	Detektiv
[ḍ]	[waḍ'] وضع	pharyngalisiert [d]
[ʒ]	[arʒantīn] الأرجنتين	Regisseur
[ð]	[tiðkār] تذكار	Motherboard
[z]	[zahar] ظهر	pharyngalisiert [z]
[f]	[χafīf] خفيف	fünf
[g]	[gūlf] جولف	gelb
[h]	[ittiʒāh] إتجاه	brauchbar
[ḥ]	[aḥabb] أحبّ	pharyngalisiert [h]
[y]	[ðahabiy] ذهبيّ	Jacke
[k]	[kursiy] كرسيّ	Kalender
[l]	[lamaḥ] لمح	Juli
[m]	[marṣad] مرصد	Mitte
[n]	[ʒanūb] جنوب	Vorhang
[p]	[kaputʃīnu] كابتشينو	Polizei
[q]	[waθiq] وثق	Kobra
[r]	[rūḥ] روح	richtig
[s]	[suχriyya] سخرية	sein
[ṣ]	[mi'ṣam] معصم	pharyngalisiert [s]
[ʃ]	['aʃā'] عشاء	Chance
[t]	[tannūb] تنّوب	still
[ṭ]	[χarīṭa] خريطة	pharyngalisiert [t]
[θ]	[mamūθ] ماموث	stimmloser th-Laut
[v]	[vitnām] فيتنام	November
[w]	[wadda'] ودّع	schwanger
[χ]	[baχīl] بخيل	billig
[ɣ]	[taɣadda] تغدّى	Vogel (Berlinerisch)
[z]	[mā'iz] ماعز	sein

5

T&P phonetisches Alphabet	Arabisch Beispiel	Deutsch Beispiel
['] (ayn)	[sabʿa] سبعة	stimmhafte pharyngale Frikativ
['] (hamza)	[saʾal] سأل	Glottisschlag

LISTE DER ABKÜRZUNGEN

Arabisch. Abkürzungen

du	-	Plural-Nomen-(doppelt)
f	-	Femininum
m	-	Maskulinum
pl	-	Plural

Deutsch. Abkürzungen

Adj	-	Adjektiv
Adv	-	Adverb
Amtsspr.	-	Amtssprache
f	-	Femininum
f, n	-	Femininum, Neutrum
Fem.	-	Femininum
m	-	Maskulinum
m, f	-	Maskulinum, Femininum
m, n	-	Maskulinum, Neutrum
Mask.	-	Maskulinum
n	-	Neutrum
pl	-	Plural
Sg.	-	Singular
ugs.	-	umgangssprachlich
unzähl.	-	unzählbar
usw.	-	und so weiter
v mod	-	Modalverb
vi	-	intransitives Verb
vi, vt	-	intransitives, transitives Verb
vt	-	transitives Verb
zähl.	-	zählbar
z.B.	-	zum Beispiel

ARABISCHER SPRACHFÜHRER

Dieser Teil beinhaltet wichtige Sätze, die sich in verschiedenen realen Situationen als nützlich erweisen können.
Der Sprachführer wird Ihnen dabei helfen nach dem Weg zu fragen, einen Preis zu klären, Tickets zu kaufen und Essen in einem Restaurant zu bestellen.

T&P Books Publishing

INHALT SPRACHFÜHRER

T&P Books Publishing

Das absolute Minimum

Entschuldigen Sie bitte, …	ba'd ezznak, …
	بعد إذنك، …
Hallo.	ahlan
	أهلا
Danke.	ʃokran
	شكرا
Auf Wiedersehen.	ella alliqā'
	إلى اللقاء
Ja.	aywā
	أيوة
Nein.	la'a
	لأ
Ich weiß nicht.	ma'raʃʃ
	ما أعرفش
Wo? | Wohin? | Wann?	feyn? | lefeyn? | emta?
	فين؟ ا لفين؟ ا إمتى؟

Ich brauche …	mehtāg …
	محتاج …
Ich möchte …	'āyez …
	عايز …
Haben Sie …?	ya tara 'andak …?
	يا ترى عندك… ؟
Gibt es hier …?	feyh hena …?
	فيه هنا …؟
Kann ich …?	momken …?
	ممكن …؟
Bitte (anfragen)	… men faḍlak
	… من فضلك

Ich suche …	ana badawwar 'la …
	أنا بادور على …
die Toilette	hammām
	حمام
den Geldautomat	makīnet ṣarraf 'āaly
	ماكينة صراف آلي
die Apotheke	ṣaydaliya
	صيدلية
das Krankenhaus	mostaʃfa
	مستشفى
die Polizeistation	'essm el ʃorṭa
	قسم شرطة
die U-Bahn	metro el anfā'
	مترو الأنفاق

das Taxi	taksi
	تاكسي
den Bahnhof	mahattet el 'attr
	محطة القطر
Ich heiße …	essmy …
	إسمي...
Wie heißen Sie?	essmak eyh?
	اسمك إيه؟
Helfen Sie mir bitte.	te'ddar tesā'dny?
	تقدر تساعدني؟
Ich habe ein Problem.	ana 'andy moʃkela
	أنا عندي مشكلة
Mir ist schlecht.	ana ta'bān
	أنا تعبان
Rufen Sie einen Krankenwagen!	otlob 'arabeyet es'āf!
	أطلب عربية إسعاف!
Darf ich telefonieren?	momken a'mel mokalma telefoniya?
	ممكن أعمل مكالمة تليفونية؟
Entschuldigung.	ana 'āssif
	أنا آسف
Keine Ursache.	el 'afw
	العفو
ich	ana
	أنا
du	enta
	أنت
er	howwa
	هو
sie	hiya
	هي
sie (Pl, Mask.)	homm
	هم
sie (Pl, Fem.)	homm
	هم
wir	ehna
	احنا
ihr	entom
	انتم
Sie	haddretak
	حضرتك
EINGANG	doxūl
	دخول
AUSGANG	xorūg
	خروج
AUßER BETRIEB	'attlān
	عطلان
GESCHLOSSEN	moylaq
	مغلق

OFFEN	maftūḥ
	مفتوح
FÜR DAMEN	lel sayedāt
	للسيدات
FÜR HERREN	lel regāl
	للرجال

Fragen

Wo?	feyn? فين؟
Wohin?	lefeyn? لفين؟
Woher?	men feyn? من فين؟
Warum?	leyh? ليه؟
Wozu?	le'ayī sabab? لأي سبب؟
Wann?	emta? إمتى؟

Wie lange?	lehadd emta? لحد إمتى؟
Um wie viel Uhr?	fi ayī sāʿa? في أي ساعة؟
Wie viel?	bekām? بكام؟
Haben Sie ...?	ya tara ʿandak ...? يا ترى عندك ...؟
Wo befindet sich ...?	feyn ...? فين ...؟

Wie spät ist es?	el sāʿa kām? الساعة كام؟
Darf ich telefonieren?	momken aʿmel mokalma telefoniya? ممكن أعمل مكالمة تليفونية؟
Wer ist da?	meyn henāk? مين هناك؟
Darf ich hier rauchen?	momken addaχen hena? ممكن أدخن هنا؟
Darf ich ...?	momken ...? ممكن ...؟

Bedürfnisse

Ich hätte gerne ...	aḥebb ... أحب ...
Ich will nicht ...	meʃ ʿāyiz ... مش عايز ...
Ich habe Durst.	ana ʿattʃān أنا عطشان
Ich möchte schlafen.	ʿāyez anām عايز أنام

Ich möchte ...	ʿāyez ... عايز ...
abwaschen	atʃattaf أتشطف
mir die Zähne putzen	aɣsel senāny أغسل سناني
eine Weile ausruhen	artāḥ ʃwaya أرتاح شوية
meine Kleidung wechseln	aɣayar hodūmy أغير هدومي

zurück ins Hotel gehen	argaʿ lel fondoq أرجع للفندق
kaufen ...	ʃerāʾ ... شراء ...
gehen ...	arūḥ le... أروح لـ...
besuchen ...	azūr ... أزور ...
treffen ...	aʿābel ... أقابل ...
einen Anruf tätigen	aʿmel mokalma telefoniya أعمل مكالمة تليفونية

Ich bin müde.	ana taʿbān أنا تعبان
Wir sind müde.	eḥna taʿbānīn إحنا تعبانين
Mir ist kalt.	ana bardān أنا بردان
Mir ist heiß.	ana ḥarran أنا حران
Mir passt es.	ana kowayes أنا كويس

Ich muss telefonieren.	mehtāg a'mel mokalma telefoneya
	محتاج أعمل مكالمة تليفونية
Ich muss auf die Toilette.	mehtāg arūh el hammam
	محتاج أروح الحمام
Ich muss gehen.	lāzem amʃy
	لازم أمشي
Ich muss jetzt gehen.	lāzem amʃy dellwa'ty
	لازم أمشي دلوقتي

Wie man nach dem Weg fragt

Entschuldigen Sie bitte, …	ba'd ezznak, … بعد إذنك، …
Wo befindet sich …?	feyn …? فين …؟
Welcher Weg ist …?	meneyn …? منين …؟
Könnten Sie mir bitte helfen?	momken tesā'edny, men faḍlak? ممكن تساعدني، من فضلك؟
Ich suche …	ana badawwar 'la … أنا بادور على …
Ich suche den Ausgang.	baddawwar 'la ṭarīq el ẖorūg بادور على طريق الخروج
Ich fahre nach …	ana rāyeḥ le… أنا رايح لـ…
Gehe ich richtig nach …?	ana māʃy fel ṭarīq el ṣahh le …? أنا ماشي في الطريق الصح لـ… ؟
Ist es weit?	howwa beīd? هو بعيد؟
Kann ich dort zu Fuß hingehen?	momken awṣal henāk māʃy? ممكن أوصل هناك ماشي؟
Können Sie es mir auf der Karte zeigen?	momken tewarrīny 'lal ẖarīṭa? ممكن توريني على الخريطة؟
Zeigen Sie mir wo wir gerade sind.	momken tewarrīny ehna feyn dellwa'ty? ممكن توريني إحنا فين دلوقتي؟
Hier	hena هنا
Dort	henāk هناك
Hierher	men hena من هنا
Biegen Sie rechts ab.	oddẖol yemīn ادخل يمين
Biegen Sie links ab.	oddẖol ʃemal ادخل شمال
erste (zweite, dritte) Abzweigung	awwel (tāny, tālet) ʃāre' أول (ثاني، ثالت) شارع
nach rechts	'lal yemīn على اليمين

nach links

'lal ʃemal
على الشمال

Laufen Sie geradeaus.

'la ṭūl
على طول

Schilder

HERZLICH WILLKOMMEN!	marḥaba مرحبا
EINGANG	doχūl دخول
AUSGANG	χorūg خروج
DRÜCKEN	eddfaʿ إدفع
ZIEHEN	ess-ḥab إسحب
OFFEN	maftūḥ مفتوح
GESCHLOSSEN	moγlaq مغلق
FÜR DAMEN	lel sayedāt للسيدات
FÜR HERREN	lel regāl للرجال
HERREN-WC	el sāda السادة
DAMEN-WC	el sayedāt السيدات
RABATT | REDUZIERT	taχfīdāt تخفيضات
AUSVERKAUF	okazyōn اوكازيون
GRATIS	maggānan مجانا
NEU!	gedīd! جديد!
ACHTUNG!	ennttabeh! إنتبه!
KEINE ZIMMER FREI	mafīʃ makān ما فيش مكان
RESERVIERT	maḥgūz محجوز
VERWALTUNG	el edāra الإدارة
NUR FÜR PERSONAL	lel ʿāmelīn faqaṭ للعاملين فقط

BISSIGER HUND	ehhtaress men el kalb! إحترس من الكلب!
RAUCHEN VERBOTEN!	mammnū' el tadxīn! ممنوع التدخين!
NICHT ANFASSEN!	mammnū' el lammss! ممنوع اللمس!
GEFÄHRLICH	xaṭīr خطير
GEFAHR	xatar خطر
HOCHSPANNUNG	gohd 'āly جهد عالي
BADEN VERBOTEN	mammnū' el sebāḥa! ممنوع السباحة!
AUßER BETRIEB	'attlān عطلان
LEICHTENTZÜNDLICH	qābel lel eʃte'āl قابل للإشتعال
VERBOTEN	mammnū' ممنوع
DURCHGANG VERBOTEN	mammnū' el taxatty! ممنوع التخطي!
FRISCH GESTRICHEN	ṭalā' ḥadiis طلاء حديث
WEGEN RENOVIERUNG GESCHLOSSEN	moɣlaq lel tagdedāt مغلق للتجديدات
ACHTUNG BAUARBEITEN	aʃɣāl fel ṭarīq أشغال في الطريق
UMLEITUNG	monḥany منحنى

Transport - Allgemeine Phrasen

Flugzeug	ṭayāra
	طيارة
Zug	’attr
	قطر
Bus	otobiis
	اوتوبيس
Fähre	safīna
	سفينة
Taxi	taksi
	تاكسي
Auto	‘arabiya
	عربية
Zeitplan	gadwal
	جدول
Wo kann ich den Zeitplan sehen?	a’dar aʃūf el gadwal feyn?
	أقدر أشوف الجدول فين؟
Arbeitstage	ayām el ossbūʻ
	أيام الأسبوع
Wochenenden	nehāyet el osbūʻ
	نهاية الأسبوع
Ferien	el ’agazāt
	الأجازات
ABFLUG	el saffar
	السفر
ANKUNFT	el wosūl
	الوصول
VERSPÄTET	mettʼxara
	متأخرة
GESTRICHEN	molxā
	ملغاه
nächste (Zug, usw.)	el gayī
	الجاي
erste	el awwel
	الأول
letzte	el ’axīr
	الأخير
Wann kommt der Nächste ...?	emta el ... elly gayī?
	إمتى الـ ... إللي جاي؟
Wann kommt der Erste ...?	emta awwel ...?
	إمتى اول ...؟

Wann kommt der Letzte …?	emta ᵓāχer …? إمتى آخر ...؟
Transfer	tabdīl تبديل
einen Transfer machen	abaddel أبدل
Muss ich einen Transfer machen?	hal aḥtāg le tabdīl el…? هل أحتاج لتبديل الـ...؟

Eine Fahrkarte kaufen

Wo kann ich Fahrkarten kaufen?	meneyn momken aʃtery tazāker? منين ممكن أشتري تذاكر؟
Fahrkarte	tazzkara تذكرة
Eine Fahrkarte kaufen	ʃerā' tazāker شراء تذاكر
Fahrkartenpreis	as'ār el tazāker أسعار التذاكر
Wohin?	lefeyn? لفين؟
Welche Station?	le'ayī maḥatta? لأي محطة؟
Ich brauche …	meḥtāg … محتاج …
eine Fahrkarte	tazzkara waḥda تذكرة واحدة
zwei Fahrkarten	tazzkarteyn تذكرتين
drei Fahrkarten	talat tazāker تلات تذاكر
in eine Richtung	zehāb faqaṭṭ ذهاب فقط
hin und zurück	zehāb we 'awda ذهاب وعودة
erste Klasse	daraga ūla درجة أولى
zweite Klasse	daraga tanya درجة ثانية
heute	el naharda النهاردة
morgen	bokra بكرة
übermorgen	ba'd bokra بعد بكرة
am Vormittag	el sobḥ الصبح
am Nachmittag	ba'd el ẓohr بعد الظهر
am Abend	bel leyl بالليل

Gangplatz	korsy mammar
	كرسي ممر
Fensterplatz	korsy ʃebbāk
	كرسي شباك
Wie viel?	bekām?
	بكام؟
Kann ich mit Karte zahlen?	momken addfaʿ be kart eʼtemān?
	ممكن أدفع بكارت إئتمان؟

Bus

Bus	el otobiis الأوتوبيس
Fernbus	otobiis beyn el moddon أوتوبيس بين المدن
Bushaltestelle	mahattet el otobiis محطة الأوتوبيس
Wo ist die nächste Bushaltestelle?	feyn aqrab mahattet otobiis? فين أقرب محطة أوتوبيس؟
Nummer	raqam رقم
Welchen Bus nehme ich um nach ... zu kommen?	'āχod ayī otobiis le ...? أخذ أي اوتوبيس لـ...؟
Fährt dieser Bus nach ...?	el otobiis da beyrūh ...? الأوتوبيس دة بيروح ...؟
Wie oft fahren die Busse?	el otobiis beyīgi kol 'add eyh? الأوتوبيس بيجي كل قد إيه؟
alle fünfzehn Minuten	kol χamasstāʃar daqīqa كل 15 دقيقة
jede halbe Stunde	kol noṣṣ sāʻa كل نص ساعة
jede Stunde	kol sāʻa كل ساعة
mehrmals täglich	kaza marra fel yome كذا مرة في اليوم
... Mal am Tag	... marrat fell yome ... مرات في اليوم
Zeitplan	gadwal جدول
Wo kann ich den Zeitplan sehen?	aʻdar aʃūf el gadwal feyn? أقدر أشوف الجدول فين؟
Wann kommt der nächste Bus?	emta el otobīss elly gayī? إمتى الأتوبيس إللي جاي؟
Wann kommt der erste Bus?	emta awwel otobiis? إمتى أول أوتوبيس؟
Wann kommt der letzte Bus?	emta 'āχer otobiis? إمتى آخر أوتوبيس؟
Halt	mahatta محطة
Nächster Halt	el mahatta el gaya المحطة الجاية

Letzter Halt

axer maḩatta

آخر محطة (أخر الخط)

Halten Sie hier bitte an.

laww samaḩt, wa'eff hena

لو سمحت، وقف هنا

Entschuldigen Sie mich,
dies ist meine Haltestelle.

ba'd ezznak, di maḩaṭtetti

بعد إذنك، دي محطتي

Zug

Zug	el 'aṭṭr
	القطر
S-Bahn	'aṭṭr el dawāhy
	قطر الضواحي
Fernzug	'aṭṭr el masāfāt el ṭawīla
	قطر المسافات الطويلة
Bahnhof	mahaṭṭet el 'aṭṭr
	محطة القطر
Entschuldigen Sie bitte,	ba'd ezznak, meneyn el ṭarīq lel raṣīf
wo ist der Ausgang zum Bahngleis?	بعد إذنك، منين الطريق للرصيف؟

Fährt dieser Zug nach …?	el 'aṭṭr da beyrūḥ …?
	القطر دة بيروح …؟
nächste Zug	el 'aṭṭr el gayī?
	القطر الجاي؟
Wann kommt der nächste Zug?	emta el 'aṭṭr elly gayī?
	إمتى القطر إللي جاي؟
Wo kann ich den Zeitplan sehen?	a'dar aʃūf el gadwal feyn?
	أقدر أشوف الجدول فين؟
Von welchem Bahngleis?	men ayī raṣīf?
	من أي رصيف؟
Wann kommt der Zug in … an?	emta yewṣal el 'aṭṭr …?
	إمتى يوصل القطر … ؟

Helfen Sie mir bitte.	argūk sā'dny
	ارجوك ساعدني
Ich suche meinen Platz.	baddawwar 'lal korsy betā'y
	بادور على الكرسي بتاعي
Wir suchen unsere Plätze.	ehna benndawwar 'la karāsy
	إحنا بندور على كراسي
Unser Platz ist besetzt.	el korsy betā'i maʃγūl
	الكرسي بتاعي مشغول
Unsere Plätze sind besetzt.	karaseyna maʃγūla
	كراسينا مشغولة

Entschuldigen Sie,	'ann ezznak, el korsy da betā'y
aber das ist mein Platz.	عن إذنك، الكرسي دة بتاعي
Ist der Platz frei?	el korsy da mahgūz?
	الكرسي دة محجوز؟
Darf ich mich hier setzen?	momken a"od hena?
	ممكن أقعد هنا؟

Im Zug - Dialog (Keine Fahrkarte)

Fahrkarte bitte.

tazāker men faḍlak

تذاكر من فضلك

Ich habe keine Fahrkarte.

ma'andīſ tazzkara

ما عنديش تذكرة

Ich habe meine Fahrkarte verloren.

tazzkarty dā'et

تذكرتي ضاعت

Ich habe meine Fahrkarte
zuhause vergessen.

nesīt tazkarty fel beyt

نسيت تذكرتي في البيت

Sie können von mir
eine Fahrkarte kaufen.

momken teſtery menny tazkara

ممكن تشتري مني تذكرة

Sie werden auch eine Strafe zahlen.

lāzem teddfa' ɣarāma kaman

لازم تدفع غرامة كمان

Gut.

tamām

تمام

Wohin fahren Sie?

enta rāyeḥ feyn?

إنت رايح فين؟

Ich fahre nach …

ana rāyeḥ le...

أنا رايح لـ...

Wie viel? Ich verstehe nicht.

bekām? ạna meſ fāhem

بكام؟ أنا مش فاهم

Schreiben Sie es bitte auf.

ektebha laww samaḥt

إكتبها لو سمحت

Gut. Kann ich mit Karte zahlen?

tamām. momken addfa' be kredit kard?

تمام. ممكن أدفع بكريدت كارد؟

Ja, das können Sie.

aywā momken

أيوة ممكن

Hier ist ihre Quittung.

ettfaddal el īṣāl

اتفضل الإيصال

Tut mir leid wegen der Strafe.

'āssef beχeṣūṣ el ɣarāma

آسف بخصوص الغرامة

Das ist in Ordnung. Es ist meine Schuld.

mafīſ moſkela. di ɣaltety

ما فيش مشكلة. دي غلطتي

Genießen Sie Ihre Fahrt.

esstammte' be reḥlatek

استمتع برحلتك

Taxi

Taxi	taksi تاكسي
Taxifahrer	sawwā' el taksi سواق التاكسي
Ein Taxi nehmen	'āχod taksi أخد تاكسي
Taxistand	maw'af taksi موقف تاكسي
Wo kann ich ein Taxi bekommen?	meneyn āχod taksi? منين أخد تاكسي؟
Ein Taxi rufen	an taṭṭlob taksi أن تطلب تاكسي
Ich brauche ein Taxi.	aḥtāg taksi أحتاج تاكسي
Jetzt sofort.	al'āan الآن
Wie ist Ihre Adresse? (Standort)	ma howa 'ennwānak? ما هو عنوانك؟
Meine Adresse ist …	'ennwāny fi … عنواني في …
Ihr Ziel?	ettegāhak? إتجاهك؟

Entschuldigen Sie bitte, …	ba'd ezznak, … بعد إذنك، …
Sind Sie frei?	enta fāḍy? إنت فاضي؟
Was kostet die Fahrt nach …?	bekām arūḥ…? بكام أروح…؟
Wissen Sie wo es ist?	te'raf hiya feyn? تعرف هي فين؟

Flughafen, bitte.	el maṭār men faḍlak المطار من فضلك
Halten Sie hier bitte an.	wa'eff hena, laww samaḥt وقف هنا، لو سمحت
Das ist nicht hier.	meʃ hena مش هنا
Das ist die falsche Adresse.	da 'enwān ɣalat دة عنوان غلط
nach links	oddχol ʃemal ادخل شمال
nach rechts	oddχol yemīn ادخل يمين

Was schulde ich Ihnen?	ʻalyī līk kām? علیّ لك كام؟
Ich würde gerne ein Quittung haben, bitte.	ʻāyez īṣāl men faḍlak. عايز إيصال، من فضلك.
Stimmt so.	ẖally el bāʼy خللي الباقي

Warten Sie auf mich bitte	momken tesstannāny laww samaḥt? ممكن تستناني لو سمحت؟
fünf Minuten	ẖamas daqāʼeq خمس دقائق
zehn Minuten	ʻaʃar daqāʼeq عشر دقائق
fünfzehn Minuten	robʻ sāʻa ربع ساعة
zwanzig Minuten	telt sāʻa تلت ساعة
eine halbe Stunde	noṣṣ sāʻa نص ساعة

Hotel

Guten Tag.	ahlan أهلاً
Mein Name ist ...	essmy ... إسمي ...
Ich habe eine Reservierung.	'andy ḥaggz عندي حجز
Ich brauche ...	meḥtāg ... محتاج ...
ein Einzelzimmer	γorfa moffrada غرفة مفردة
ein Doppelzimmer	γorfa mozzdawwaga غرفة مزدوجة
Wie viel kostet das?	se'raha kām? سعرها كام؟
Das ist ein bisschen teuer.	di γalya ʃewaya دي غالية شوية
Haben Sie sonst noch etwas?	'andak χayarāt tanya? عندك خيارات تانية؟
Ich nehme es.	ḥaχod-ha ح أخدها
Ich zahle bar.	ḥaddfa' naqqdy ح أدفع نقدي
Ich habe ein Problem.	ana 'andy moʃkela أنا عندي مشكلة
Mein ... ist kaputt.	... maksūr ...مكسور
Mein ... ist außer Betrieb.	... 'atlān /'atlāna/ ...عطلان /عطلانة
Fernseher	el televizyōn التليفزيون
Klimaanlage	el takyīf التكييف
Wasserhahn	el ḥanafiya (~ 'atlāna) الحنفية
Dusche	el doʃ الدش
Waschbecken	el banyo البانيو
Safe	el χāzena (~ 'atlāna) الخازنة

Türschloss	'effl el bāb
	قفل الباب
Steckdose	maxrag el kahraba
	مخرج الكهربا
Föhn	mogaffef el ʃaʻr
	مجفف الشعر

Ich habe kein …	maʻandīʃ …
	ما عنديش ...
Wasser	maya
	مية
Licht	nūr
	نور
Strom	kahraba
	كهربا

Können Sie mir … geben?	momken teddīny …?
	ممكن تديني ...؟
ein Handtuch	fūta
	فوطة
eine Decke	baṭṭaneya
	بطانية
Hausschuhe	ʃebʃeb
	شبشب
einen Bademantel	robe
	روب
etwas Shampoo	ʃambū
	شامبو
etwas Seife	ṣabūn
	صابون

Ich möchte ein anderes Zimmer haben.	aḥebb ayayar el oḍa
	أحب أغير الأوضة
Ich kann meinen Schlüssel nicht finden.	meʃ lāʼy meftāḥy
	مش لاقي مفتاحي
Machen Sie bitte meine Tür auf	momken tefftaḥ oḍḍty men faḍlak?
	ممكن تفتح أوضتي من فضلك؟
Wer ist da?	meyn henāk?
	مين هناك؟
Kommen Sie rein!	ettfaḍḍal!
	إتفضل!
Einen Moment bitte!	daqīqa wāḥeda!
	دقيقة واحدة!
Nicht jetzt bitte.	meʃ dellwaʼty men faḍlak
	مش دلوقتي من فضلك

Kommen Sie bitte in mein Zimmer.	taʻāla oḍḍty laww samaḥt
	تعالى أوضتي لو سمحت
Ich würde gerne Essen bestellen.	ʻāyez ṭalab men xeddmet el wagabāt
	عايز طلب من خدمة الوجبات
Meine Zimmernummer ist …	raqam oḍḍty howa …
	رقم أوضتي هو ...

Ich reise … ab.	ana māʃy …
	أنا ماشي …
Wir reisen … ab.	ehna maʃyīn …
	إحنا ماشيين …
jetzt	dellwaʾty
	دلوقتي
diesen Nachmittag	baʿd el ẓohr
	بعد الظهر
heute Abend	el leyla di
	الليلة دي
morgen	bokra
	بكرة
morgen früh	bokra el ṣobh
	بكرة الصبح
morgen Abend	bokra bel leyl
	بكرة بالليل
übermorgen	baʿd bokra
	بعد بكرة

Ich möchte die Zimmerrechnung begleichen.	aḥebb adfaʿ
	أحب أدفع
Alles war wunderbar.	kol ʃeyʾ kan rāʾeʿ
	كل شيء كان رائع
Wo kann ich ein Taxi bekommen?	feyn momken alāʾy taksi?
	فين ممكن ألاقي تاكسي؟
Würden Sie bitte ein Taxi für mich holen?	momken toṭlob lī taksi laww samaḥt?
	ممكن تطلب لي تاكسي لو سمحت؟

Restaurant

Könnte ich die Speisekarte sehen bitte?	momken aʃūf qā'ema el ṭaʿām men faḍlak? ممكن أشوف قائمة الطعام من فضلك؟
Tisch für einen.	tarabeyza le ʃaχṣ wāḥed ترابيزة لشخص واحد
Wir sind zu zweit (dritt, viert).	eḥna etneyn (talāta, arbaʿa) إحنا اتنين (ثلاثة، أربعة)
Raucher	modaχenīn مدخنين
Nichtraucher	ɣeyr moddaχenīn غير مدخنين
Entschuldigen Sie mich! (Einen Kellner ansprechen)	laww samaḥt لو سمحت
Speisekarte	qā'emat el ṭaʿām قائمة الطعام
Weinkarte	qā'emat el nebīz قائمة النبيذ
Die Speisekarte bitte.	el qā'ema, laww samaḥt القائمة، لو سمحت
Sind Sie bereit zum bestellen?	mossta'ed toṭṭlob? مستعد تطلب؟
Was würden Sie gerne haben?	ḥatāχod eh? ح تاخد إيه؟
Ich möchte ...	ana ḥāχod ... أنا ح أخد ...
Ich bin Vegetarier.	ana nabāty أنا نباتي
Fleisch	laḥma لحم
Fisch	samakk سمك
Gemüse	χodār خضار
Haben Sie vegetarisches Essen?	'andak aṭbāq nabātiya? عندك أطباق نباتية؟
Ich esse kein Schweinefleisch.	lā 'āakol el χanzīr لا أكل الخنزير
Er /Sie/ isst kein Fleisch.	howwa /hiya/ la tākol el laḥm هو/هي/ لا تأكل اللحم

Ich bin allergisch auf …	'andy ḥasasseya men … عندي حساسية من ...
Könnten Sie mir bitte … Bringen.	momken tegīb lī … ممكن تجيب لي...
Salz | Pfeffer | Zucker	melḥ | felfel | sokkar ملح ا فلفل ا سكر
Kaffee | Tee | Nachtisch	'ahwa | ʃāy | ḥelw قهوة ا شاي ا حلو
Wasser | Sprudel | stilles	meyāh | ɣaziya | 'adiya مياه ا غازية ا عادية
einen Löffel | eine Gabel | ein Messer	ma'la'a | ʃowka | sekkīna ملعقة ا شوكة ا سكينة
einen Teller | eine Serviette	ṭabaq | fūṭa طبق افوطة

Guten Appetit!	bel hana wel ʃefa بالهنا والشفا
Noch einen bitte.	waḥda kamān laww samaḥt واحدة كمان لو سمحت
Es war sehr lecker.	kanet lazīza geddan كانت لذيذة جدا

Scheck | Wechselgeld | Trinkgeld	ʃīk | fakka | ba'ʃīʃ شيك أفكة ابقشيش
Zahlen bitte.	momken el hesāb laww samaḥt? ممكن الحساب لو سمحت؟
Kann ich mit Karte zahlen?	momken addfa' þe kart e'temān? ممكن أدفع بكارت إئتمان؟
Entschuldigen Sie, hier ist ein Fehler.	ana 'āssif, feyh ɣalṭa hena أنا آسف، في غلطة هنا

Einkaufen

Kann ich Ihnen behilflich sein?	momken asaʿdak? ممكن أساعدك؟
Haben Sie ...?	ya tara ʿandak ...? يا ترى عندك ...؟
Ich suche ...	ana badawwar ʿla ... أنا بادور على ...
Ich brauche ...	mehtāg ... محتاج ...
Ich möchte nur schauen.	ana battfarrag أنا بأتفرج
Wir möchten nur schauen.	ehna benettfarrag إحنا بنتفرج
Ich komme später noch einmal zurück.	hāgy baʿdeyn ح أجي بعدين
Wir kommen später vorbei.	haneygy baʿdeyn ح نيجي بعدين
Rabatt	Ausverkauf	taxfīdāt	okazyōn تخفيضات الأوكازيون
Zeigen Sie mir bitte ...	momken tewarrīny ... laww samaht? ممكن توريني ... لو سمحت؟
Geben Sie mir bitte ...	momken teddīny ... laww samaht ممكن تديني ... لو سمحت
Kann ich es anprobieren?	momken aʾīs? ممكن أقيس؟
Entschuldigen Sie bitte, wo ist die Anprobe?	laww samaht, feyn el brova? لو سمحت، فين البروفا؟
Welche Farbe mögen Sie?	ʿāyez ayī lone? عايز أي لون؟
Größe	Länge	maqās	tūl مقاس ا طول
Wie sitzt es?	ya tara el maqās mazbūt? يا ترى المقاس مضبوط؟
Was kostet das?	bekām? بكام؟
Das ist zu teuer.	da ɣāly geddan دة غالي جدا
Ich nehme es.	hattereyh ح أشتريه
Entschuldigen Sie bitte, wo ist die Kasse?	baʿd ezznak, addfaʿ feyn laww samaht? بعد إذنك، أدفع فين لو سمحت؟

Zahlen Sie Bar oder mit Karte?	ḥateddfaʿ naqqdan walla be kart e'temān? ح تدفع نقدا ولا بكارت إئتمان؟
in Bar | mit Karte	naqdan | be kart e'temān نقدا ا بكارت إئتمان
Brauchen Sie die Quittung?	ʿāyez īṣāl? عايز إيصال؟
Ja, bitte.	aywā, men faḍlak أيوة، من فضلك
Nein, es ist ok.	lā, mafīʃ moʃkela لا، ما فيش مشكلة
Danke. Einen schönen Tag noch!	ʃokran. yome saʿīd شكرا. يوم سعيد

In der Stadt

Entschuldigen Sie bitte, …	ba'd ezznak, laww samaḥt
	بعد إذنك، لو سمحت
Ich suche …	ana badawwar 'la …
	أنا بادور على ...
die U-Bahn	metro el anfā'
	مترو الأنفاق
mein Hotel	el fondo' betā'i
	الفندق بتاعي
das Kino	el sinema
	السينما
den Taxistand	maw'af taksi
	موقف تاكسي
einen Geldautomat	makīnet ṣarraf 'āaly
	ماكينة صراف آلي
eine Wechselstube	maktab ṣarrafa
	مكتب صرافة
ein Internetcafé	maqha internet
	مقهى انترنت
die … -Straße	ʃāre'…
	شارع ...
diesen Ort	el makān da
	المكان دة
Wissen Sie, wo … ist?	hal te'raf feyn …?
	هل تعرف فين ...؟
Wie heißt diese Straße?	essmu eyh el ʃāre' da?
	اسمه إيه الشارع دة؟
Zeigen Sie mir wo wir gerade sind.	momken tewarrīny eḥna feyn dellwa'ty?
	ممكن توريني إحنا فين دلوقتي؟
Kann ich dort zu Fuß hingehen?	momken awṣal ḥenāk māʃy?
	ممكن أوصل هناك ماشي؟
Haben Sie einen Stadtplan?	'andak χarīṭa lel madīna?
	عندك خريطة للمدينة؟
Was kostet eine Eintrittskarte?	bekām tazkaret el doχūl?
	بكام تذكرة الدخول؟
Darf man hier fotografieren?	momken aṣṣawwar hena?
	ممكن أصور هنا؟
Haben Sie offen?	entom fatt-ḥīn?
	إنتم فاتحين؟

Wann öffnen Sie?

emta betefftaḥu?

إمتى بتفتحوا؟

Wann schließen Sie?

emta bete'ffelu?

إمتى بتقفلوا؟

Geld

Geld	folūss فلوس
Bargeld	naqdy نقدي
Papiergeld	folūss waraqiya فلوس ورقية
Kleingeld	fakka فكة
Scheck | Wechselgeld | Trinkgeld	ʃīk | fakka | baʾʃīʃ شيك افكة ابقشيش
Kreditkarte	kart eʿtemān كارت إئتمان
Geldbeutel	maḥfaza محفظة
kaufen	ʃerāʾ شراء
zahlen	dafʿ دفع
Strafe	ɣarāma غرامة
kostenlos	maggānan مجانا
Wo kann ich … kaufen?	feyn momken aʃtery …? فين ممكن أشتري ...؟
Ist die Bank jetzt offen?	hal el bank fāteḥ dellwaʾty هل البنك فاتح دلوقتي؟
Wann öffnet sie?	emta betefftaḥ? إمتى بيفتح؟
Wann schließt sie?	emta beyeʾffel? إمتى بيقفل؟
Wie viel?	bekām? بكام؟
Was kostet das?	bekām da? بكام دة؟
Das ist zu teuer.	da ɣāly geddan دة غالي جدا
Entschuldigen Sie bitte, wo ist die Kasse?	baʿd ezznak, addfaʿ feyn laww samaḥt? بعد إذنك، أدفع فين لو سمحت؟
Ich möchte zahlen.	el ḥesāb men fadlak الحساب من فضلك

Kann ich mit Karte zahlen?	momken addfa' þe kart e'temān? ممكن أدفع بكارت إئتمان؟
Gibt es hier einen Geldautomat?	feyh hena makīnet ṣarraf 'āaly? فيه هنا ماكينة صراف آلي؟
Ich brauche einen Geldautomat.	baddawwar 'la makīnet ṣarraf 'ālly بادور على ماكينة صراف آلي

Ich suche eine Wechselstube.	baddawwar 'la maktab ṣarrāfa بادور على مكتب صرافة
Ich möchte … wechseln.	'āyez aɣayar … عايز أغير …
Was ist der Wechselkurs?	se'r el 'omla kām? سعر العملة كام؟
Brauchen Sie meinen Reisepass?	enta mehtāg gawāz safary? إنت محتاج جؤاز سفري؟

Zeit

Wie spät ist es?	el sā'a kām? الساعة كام؟
Wann?	emta? إمتى؟
Um wie viel Uhr?	fi ayī sā'a? في أي ساعة؟
jetzt | später | nach …	dellwa'ty | ba'deyn | ba'd … دلوقتي ا بعدين ا بعد …
ein Uhr	el sā'a waḥda الساعة واحدة
Viertel zwei	el sā'a waḥda we rob' الساعة واحدة وربع
Ein Uhr dreißig	el sā'a waḥda we noṣṣ الساعة واحدة ونص
Viertel vor zwei	el sā'a etneyn ellā rob' الساعة إتنين إلا ربع
eins | zwei | drei	waḥda | etneyn | talāta واحدة الاتنين اتلاتة
vier | fünf | sechs	arba'a | χamsa | setta أربعة اخمسة استة
sieben | acht | neun	sabb'a | tamanya | tess'a سبعة ا تمانية اتسعة
zehn | elf | zwölf	'aʃra | ḥedāʃar | etnāʃar عشرة ا حداشر ا اتناشر
in …	fi … في …
fünf Minuten	χamas daqā'eq خمس دقائق
zehn Minuten	'aʃar daqā'eq عشر دقائق
fünfzehn Minuten	rob' sā'a ربع ساعة
zwanzig Minuten	telt sā'a تلت ساعة
einer halben Stunde	noṣṣ sā'a نص ساعة
einer Stunde	sā'a ساعة

am Vormittag	el sobḥ الصبح
früh am Morgen	el sobḥ badri الصبح بدري
diesen Morgen	el naharda el ṣobḥ النهاردة الصبح
morgen früh	bokra el ṣobḥ بكرة الصبح
am Mittag	fi noṣṣ el yome في نص اليوم
am Nachmittag	baʻd el ẓohr بعد الظهر
am Abend	bel leyl بالليل
heute Abend	el leyla di الليلة دي
in der Nacht	bel leyl بالليل
gestern	emmbāreḥ إمبارح
heute	el naharda النهاردة
morgen	bokra بكرة
übermorgen	baʻd bokra بعد بكرة
Welcher Tag ist heute?	el naharda eyh fel ayām? النهاردة إيه في الأيام؟
Es ist …	el naharda … النهاردة …
Montag	el etneyn الإتنين
Dienstag	el talāt التلات
Mittwoch	el ʼarbaʻ الأربع
Donnerstag	el χamīs الخميس
Freitag	el gumuʻā الجمعة
Samstag	el sabt السبت
Sonntag	el ḥadd الحد

Begrüßungen und Vorstellungen

Hallo.	ahlan أهلا
Freut mich, Sie kennen zu lernen.	sa'īd be leqā'ak سعيد بلقائك
Ganz meinerseits.	ana ass'ad أنا أسعد
Darf ich vorstellen? Das ist …	a'arrafak be … أعرفك بـ …
Sehr angenehm.	forṣa sa'īda فرصة سعيدة
Wie geht es Ihnen?	ezzayak? إزيك؟
Ich heiße …	esmy … أسمي …
Er heißt …	essmu … إسمه …
Sie heißt …	essmaha … إسمها …
Wie heißen Sie?	essmak eyh? إسمك إيه؟
Wie heißt er?	essmu eyh? إسمه إيه؟
Wie heißt sie?	essmaha eyh? إسمها إيه؟
Wie ist Ihr Nachname?	essm 'ā'eltak eyh? إسم عائلتك إيه؟
Sie können mich … nennen.	te'ddar tenadīny be… تقدر تناديني بـ….
Woher kommen Sie?	enta meneyn? إنت منين؟
Ich komme aus …	ana men … أنا من …
Was machen Sie beruflich?	beteſtaɣal eh? بتشتغل إيه؟
Wer ist das?	meyn da مين دة
Wer ist er?	meyn howwa? مين هو؟
Wer ist sie?	meyn hiya? مين هي؟
Wer sind sie?	meyn homm? مين هم؟

Das ist …	da yeb'ā …
	دة يبقى ...
mein Freund	ṣadīqy
	صديقي
meine Freundin	ṣadīqaty
	صديقتي
mein Mann	gouzy
	جوزي
meine Frau	merāty
	مراتي

mein Vater	waldy
	والدي
meine Mutter	waldety
	والدتي
mein Bruder	aχūya
	أخويا
mein Sohn	ebny
	إبني
meine Tochter	bennty
	بنتي

Das ist unser Sohn.	da ebnena
	دة إبننا
Das ist unsere Tochter.	di benntena
	دي بنتننا
Das sind meine Kinder.	dole awwlādy
	دول أولادي
Das sind unsere Kinder.	dole awwladna
	دول أولادنا

Verabschiedungen

Auf Wiedersehen!	ella alliqā'
	إلى اللقاء
Tschüss!	salām
	سلام
Bis morgen.	aʃūfak boķra
	أشوفك بكرة
Bis bald.	aʃūfak orayeb
	أشوفك قريب
Bis um sieben.	aʃūfak el sā'a sab'a
	أشوفك الساعة سبعة

Viel Spaß!	esstammte'!
	إستمتع!
Wir sprechen später.	netkallem ba'deyn
	نتكلم بعدين
Ich wünsche Ihnen ein schönes Wochenende.	'ottlet osbū' sa'īda
	عطلة أسبوع سعيدة
Gute Nacht.	teşşbah 'la xeyr
	تصبح على خير

Es ist Zeit, dass ich gehe.	gā' waqt el zehāb
	جاء وقت الذهاب
Ich muss gehen.	lāzem amʃy
	لازم أمشي
Ich bin gleich wieder da.	harga' 'la tūl
	ح أرجع على طول

Es ist schon spät.	el waqt mett'axar
	الوقت متأخر
Ich muss früh aufstehen.	lāzem aşş-ha badry
	لازم أصحى بدري
Ich reise morgen ab.	ana māʃy boķra
	أنا ماشي بكرة
Wir reisen morgen ab.	ehhna maʃyīn boķra
	إحنا ماشيين بكرة

Ich wünsche Ihnen eine gute Reise!	rehla sa'īda!
	رحلة سعيدة!
Hat mich gefreut, Sie kennen zu lernen.	forşa sa'īda
	فرصة سعيدة
Hat mich gefreut mit Ihnen zu sprechen.	sa'eddt bel kalām ma'ak
	سعدت بالكلام معك
Danke für alles.	ʃokran 'la koll ʃey'
	شكرا! على كل شيء

Ich hatte eine sehr gute Zeit.	ana qaḍḍayt waqt saʿīd
	أنا قضيت وقت سعيد
Wir hatten eine sehr gute Zeit.	eḥna 'aḍḍeyna wa't saʿīd
	إحنا قضينا وقت سعيد
Es war wirklich toll.	kan bel feʿl rāʾeʿ
	كان بالفعل رائع
Ich werde Sie vermissen.	ḥatewwḥaʃīny
	ح توحشني
Wir werden Sie vermissen.	ḥatewwḥaʃna
	ح توحشنا

Viel Glück!	ḥazz saʿīd!
	حظ سعيد!
Grüßen Sie …	taḥīāty le…
	تحياتي لـ…

Fremdsprache

Ich verstehe nicht.	ana meʃ fāhem أنا مش فاهم
Schreiben Sie es bitte auf.	ektebha laww samaḥt إكتبها لو سمحت
Sprechen Sie ...?	enta betettkalem ...? انت بتتكلم ...؟

Ich spreche ein bisschen ...	ana battkallem ʃewaya ... أنا بأتكلم شوية ...
Englisch	engilīzy أنجليزي
Türkisch	torky تركي
Arabisch	ʿaraby عربي
Französisch	faransāwy فرنساوي

Deutsch	almāny ألماني
Italienisch	itāly إيطالي
Spanisch	asbāny أسباني
Portugiesisch	bortoɣāly برتغالي
Chinesisch	ṣīny صيني
Japanisch	yabāny ياباني

Können Sie das bitte wiederholen.	momken teʿīd el kalām men faḍlak? ممكن تعيد الكلام من فضلك؟
Ich verstehe.	ana fāhem انا فاهم
Ich verstehe nicht.	ana meʃ fāhem انا مش فاهم
Sprechen Sie etwas langsamer.	momken tetkallem abtaʾ laww samaḥt? ممكن تتكلم ابطأ لو سمحت؟

Ist das richtig?	keda ṣaḥḥ? كدة صح؟
Was ist das? (Was bedeutet das?)	eh da? إيه دة؟

Entschuldigungen

Entschuldigen Sie bitte.	ba'd ezznak, laww samaḥt بعد إذنك، لو سمحت
Es tut mir leid.	ana 'āṣṣif أنا آسف
Es tut mir sehr leid.	ana 'āṣṣif beggad أنا آسف بجد
Es tut mir leid, das ist meine Schuld.	ana 'āṣṣif, di ɣalṭeti أنا آسف، دي غلطتي
Das ist mein Fehler.	ɣaltety غلطتي

Darf ich ...?	momken ...? ممكن ...؟
Haben Sie etwas dagegen, wenn ich ...?	teḍḍāyi' laww ...? تتضايق لو ...؟
Es ist okay.	mafiʃ moʃkela ما فيش مشكلة
Alles in Ordnung.	kollo tamām كله تمام
Machen Sie sich keine Sorgen.	mate'la'ʃ ما تقلقش

Einigung

Ja.	aywā
	أيوة
Ja, natürlich.	aywa, akīd
	ايوة، أكيد
Ok! (Gut!)	tamām
	تمام
Sehr gut.	kowayīs geddan
	كويس جدا
Natürlich!	bekol taʾkīd!
	بكل تأكيد!
Genau.	mewāfeʾ
	موافق

Das stimmt.	da ṣaḥīḥ
	دة صحيح
Das ist richtig.	da ṣaḥḥ
	دة صح
Sie haben Recht.	kalāmak ṣaḥḥ
	كلامك صح
Ich habe nichts dagegen.	maʿandīʃ māneʿ
	ما عنديش مانع
Völlig richtig.	ṣaḥḥ tamāman
	صح تماماً

Das kann sein.	momken
	ممكن
Das ist eine gute Idee.	di fekra kewayīsa
	دي فكرة كويسة
Ich kann es nicht ablehnen.	maʾdarʃ aʾūl laʾ
	ما أقدرش أقول لأ
Ich würde mich freuen.	bekol sorūr
	حكون سعيد
Gerne.	bekol sorūr
	بكل سرور

Ablehnung. Äußerung von Zweifel

Nein.	la'a لأ
Natürlich nicht.	akīd la' أكيد لأ
Ich stimme nicht zu.	meʃ mewāfe' مش موافق
Das glaube ich nicht.	ma 'azzonneʃ keda ما أظنش كدة
Das ist falsch.	da meʃ saḥīḥ دة مش صحيح

Sie liegen falsch.	enta ɣalṭān إنت غلطان
Ich glaube, Sie haben Unrecht.	azonn ennak ɣalṭān أظن إنك غلطان
Ich bin nicht sicher.	meʃ akīd مش أكيد
Das ist unmöglich.	da mos-taḥīl دة مستحيل
Nichts dergleichen!	mafīʃ ḥāga keda! ما فيش حاجة كدة!

Im Gegenteil!	el 'akss tamāman العكس تماما
Ich bin dagegen.	ana dedd da أنا ضد دة
Es ist mir egal.	ma yehemmenīʃ ما يهمنيش
Keine Ahnung.	ma'andīʃ fekra ما عنديش فكرة
Ich bezweifle, dass es so ist.	aʃokk fe da أشك في دة

Es tut mir leid, ich kann nicht.	'āssef ma 'qdarʃ آسف، ما أقدرش
Es tut mir leid, ich möchte nicht.	'āssef meʃ 'ayez آسف، مش عايز

Danke, das brauche ich nicht.	ʃokran, bass ana meʃ meḥtāg loh شكرا، بس أنا مش محتاج له
Es ist schon spät.	el waqt mett'aχar الوقت متأخر

Ich muss früh aufstehen.

lāzem aṣṣ-ḥa badry

لازم أصحى بدري

Mir geht es schlecht.

ana ta'bān

أنا تعبان

Dankbarkeit ausdrücken

Danke.	ʃokran شكراً
Dankeschön.	ʃokran gazīlan شكراً جزيلاً
Ich bin Ihnen sehr verbunden.	ana ha'i'i me'aḍdar da أنا حقيقي مقدر دة
Ich bin Ihnen sehr dankbar.	ana mommtann līk geddan أنا ممتن لك جداً
Wir sind Ihnen sehr dankbar.	ehna mommtannīn līk geddan إحنا ممتنين لك جداً

Danke, dass Sie Ihre Zeit geopfert haben.	ʃokran ʿla wa'tak شكراً على وقتك
Danke für alles.	ʃokran ʿla koll ʃey' شكراً على كل شيء
Danke für …	ʃokran ʿla … شكراً على ...
Ihre Hilfe	mosa'detak مساعدتك
die schöne Zeit	el waqt الوقت اللطيف

das wunderbare Essen	wagba rā'e'a وجبة رائعة
den angenehmen Abend	amsiya mummte'a أمسية ممتعة
den wunderschönen Tag	yome rā'e' يوم رائع
die interessante Führung	reḥla mod-heʃa رحلة مدهشة

Keine Ursache.	lā ʃokr ʿla wāgeb لا شكر على واجب
Nichts zu danken.	el ʿafw العفو
Immer gerne.	ayī waqt أي وقت
Es freut mich, geholfen zu haben.	bekol sorūr بكل سرور
Vergessen Sie es.	ennsa إنسى
Machen Sie sich keine Sorgen.	mate'la'ʃ ما تقلقش

Glückwünsche. Beste Wünsche

Glückwunsch!	ohannīk! أهنيك!
Alles gute zum Geburtstag!	ʿīd milād saʿīd! عيد ميلاد سعيد!
Frohe Weihnachten!	ʿīd milād saʿīd! عيد ميلاد سعيد!
Frohes neues Jahr!	sana gedīda saʿīda! سنة جديدة سعيدة!

Frohe Ostern!	ʃamm nessīm saʿīd! شم نسيم سعيد!
Frohes Hanukkah!	hanūka saʿīda! هانوكا سعيدة!

Ich möchte einen Toast ausbringen.	aḥebb aqtareḥ neʃrab naχab أحب أقترح نشرب نخب
Auf Ihr Wohl!	fi seḥḥettak في صحتك
Trinken wir auf …!	yalla neʃrab fe …! ياللا نشرب في ...!
Auf unseren Erfolg!	nagāḥna نجاحنا
Auf Ihren Erfolg!	nagāḥak نجاحك

Viel Glück!	ḥazz saʿīd! حظ سعيد!
Einen schönen Tag noch!	nahārak saʿīd! نهارك سعيد!
Haben Sie einen guten Urlaub!	agāza ṭayeba! أجازة طيبة!
Haben Sie eine sichere Reise!	trūḥ bel salāma! تروح بالسلامة!
Ich hoffe es geht Ihnen bald besser!	atmanna ennak tataʿāfa besorʿa! أتمنى إنك تتعافى بسرعة!

Sozialisieren

Warum sind Sie traurig?	enta leyh za'lān? إنت ليه زعلان؟
Lächeln Sie!	ebbtassem! farrfeʃ! إبتسم! فرفش!
Sind Sie heute Abend frei?	enta fādy el leyla di? إنت فاضي الليلة دي؟

Darf ich Ihnen was zum Trinken anbieten?	momken a'zemak 'la maʃrūb? ممكن أعزمك على مشروب؟
Möchten Sie tanzen?	teḥebb torr'oṣṣ? تحب ترقص؟
Gehen wir ins Kino.	yalla nerūḥ el sinema ياللا نروح السينما

Darf ich Sie ins ... einladen?	momken a'zemak 'la ...? ممكن أعزمك على ...؟
Restaurant	matt'am مطعم
Kino	el sinema السينما
Theater	el masraḥ المسرح
auf einen Spaziergang	tamʃeya تمشية

Um wie viel Uhr?	fi ayī sā'a? في أي ساعة؟
heute Abend	el leyla di الليلة دي
um sechs Uhr	el sā'a setta الساعة ستة
um sieben Uhr	el sā'a sab'a الساعة سبعة
um acht Uhr	el sā'a tamanya الساعة تمانية
um neun Uhr	el sā'a tess'a الساعة تسعة

Gefällt es Ihnen hier?	ya tara 'agbak el makān? يا ترى عاجبك المكان؟
Sind Sie hier mit jemandem?	enta hena ma' ḥadd? إنت هنا مع حد؟
Ich bin mit meinem Freund /meiner Freundin/.	ana ma' ṣadīq أنا مع صديق

Ich bin mit meinen Freunden.

ana maʿ aṣṣdiqāʾ

أنا مع أصدقاء

Nein, ich bin alleine.

lā, ana waḥḥdy

لا، أنا وحدي

Hast du einen Freund?

hal ʿandak ṣadīq?

هل عندك صديق؟

Ich habe einen Freund.

ana ʿandy ṣadīq

أنا عندي صديق

Hast du eine Freundin?

hal ʿandak ṣadīqa?

هل عندك صديقة؟

Ich habe eine Freundin.

ana ʿandy ṣadīqa

أنا عندي صديقة

Kann ich dich nochmals sehen?

aʿdar aʃūfak tāny?

أقدر أشوفك تاني؟

Kann ich dich anrufen?

aʿdar atteṣel bīk?

أقدر أتصل بك؟

Ruf mich an.

ettaṣṣel bī

إتصل بي

Was ist deine Nummer?

eh raqamek?

إيه رقمك؟

Ich vermisse dich.

waḥaʃtīny

وحشتني

Sie haben einen schönen Namen.

essmek gamīl

إسمك جميل

Ich liebe dich.

oḥebbek

أحبك

Willst du mich heiraten?

tettgawwezīny?

تتجوزيني؟

Sie machen Scherze!

enta bett-hazzar!

إنت بتهزر!

Ich habe nur gescherzt.

ana bahazzar bas

أنا باهزر بس

Ist das Ihr Ernst?

enta bettettkallem gad?

إنت بتتكلم جد؟

Das ist mein Ernst.

ana gād

أنا جاد

Echt?!

ṣaḥīḥ?

صحيح؟

Das ist unglaublich!

meʃ maʿʿūl!

مش معقول!

Ich glaube Ihnen nicht.

ana meʃ meṣṣadʾāk

أنا مش مصدقاك

Ich kann nicht.

maʾdarʃ

ما أقدرش

Ich weiß nicht.

maʿrafʃ

ما أعرفش

Ich verstehe Sie nicht.

meʃ fahmāk

مش فاهماك

Bitte gehen Sie weg.

men fadlak temʃy
من فضلك تمشي

Lassen Sie mich in Ruhe!

sebbny lewahhdy!
سيبني لوحدي!

Ich kann ihn nicht ausstehen.

ana ļā atʃqo
أنا لا أطيقه

Sie sind widerlich!

enta moʾreff
إنت مقرف

Ich rufe die Polizei an!

hattlob el ʃorta
ح أطلب الشرطة

Gemeinsame Eindrücke. Emotionen

Das gefällt mir.	ye'gebny
	يعجبني
Sehr nett.	laṭīf geddan
	لطيف جدا
Das ist toll!	da rā'e'
	دة رائع
Das ist nicht schlecht.	da meʃ saye'
	دة مش سيء

Das gefällt mir nicht.	meʃ 'agebny
	مش عاجبني
Das ist nicht gut.	meʃ kowayīs
	مش كويس
Das ist schlecht.	da saye'
	دة سيء
Das ist sehr schlecht.	da saye' geddan
	دة سيء جدا
Das ist widerlich.	da mo'rreff
	دة مقرف

Ich bin glücklich.	ana saʿīd
	أنا سعيد
Ich bin zufrieden.	ana maḥsūṭ
	أنا مبسوط
Ich bin verliebt.	ana baḥebb
	أنا باحب
Ich bin ruhig.	ana hāḍy
	أنا هادي
Ich bin gelangweilt.	ana zah'ān
	أنا زهقان

Ich bin müde.	ana taʿbān
	أنا تعبان
Ich bin traurig.	ana ḥazīn
	أنا حزين
Ich habe Angst.	ana xāyef
	أنا خايف

Ich bin wütend.	ana ɣadbān
	أنا غضبان
Ich mache mir Sorgen.	ana qalqān
	أنا قلقان
Ich bin nervös.	ana mutawwatter
	أنا متوتر

Ich bin eifersüchtig.	ana ɣayrān أنا غيران
Ich bin überrascht .	ana mutafāge' أنا متفاجئ
Es ist mir peinlich.	ana morrtabek أنا مرتبك

Probleme. Unfälle

Ich habe ein Problem.	ana ʻandy moʃkela
	أنا عندي مشكلة
Wir haben Probleme.	ehna ʻandena moʃkela
	إحنا عندنا مشكلة
Ich bin verloren.	ana tãʒeh
	أنا تايه
Ich habe den letzten Bus (Zug) verpasst.	fãtny ʼãaχer otobiis
	فاتني آخر أوتوبيس
Ich habe kein Geld mehr.	meʃ fãḍel maʻaya flüss
	مش فاضل معايا فلوس

Ich habe mein … verloren.	ḍãʻ menny … betãʻy
	ضاع مني ... بتاعي
Jemand hat mein … gestohlen.	ḥadd saraʼ … betãʻy
	حد سرق ... بتاعي
Reisepass	bassbore
	باسبور
Geldbeutel	maḥfaza
	محفظة
Papiere	awwarãʼ
	أوراق
Fahrkarte	tazzkara
	تذكرة
Geld	folüss
	فلوس
Tasche	ʃannta
	شنطة
Kamera	kamera
	كاميرا
Laptop	lab tob
	لاب توب
Tabletcomputer	tablet
	تابلت
Handy	telefon maḥmül
	تليفون محمول

Hilfe!	sãʻdny!
	!اساعدني
Was ist passiert?	eh elly ḥaṣal?
	إيه إللي حصل؟
Feuer	harĩqa
	حريقة
Schießerei	ḍarrb nãr
	ضرب نار

Mord	qattl قتل
Explosion	ennfegār إنفجار
Schlägerei	xenā'a خناقة

Rufen Sie die Polizei!	ettaṣel bel ʃorṭa! اتصل بالشرطة!
Beeilen Sie sich!	besor'a men faḍlak! بسرعة من فضلك!
Ich suche nach einer Polizeistation.	baddawwar 'la qessm el ʃorṭa بادور على قسم الشرطة
Ich muss einen Anruf tätigen.	mehtāg a'mel mokalma telefoneya محتاج أعمل مكالمة تليفونية
Kann ich Ihr Telefon benutzen?	momken asstaxdem telefonak? ممكن أستخدم تليفونك؟

Ich wurde …	ana kont … أنا كنت …
ausgeraubt	ettnaʃalt اتنشلت
überfallen	ettsaraqt اتسرقت
vergewaltigt	oɣtiṣabt اغتصبت
angegriffen	ta'arraḍt le e'tedā' تعرضت لإعتداء

Ist bei Ihnen alles in Ordnung?	enta bexeyr? إنت بخير؟
Haben Sie gesehen wer es war?	ya tara ʃoft meyn? يا ترى شفت مين؟
Sind Sie in der Lage die Person wiederzuerkennen?	te'ddar tett'arraf 'la el ʃaxṣ da? تقدر تتعرف على الشخص دة؟
Sind sie sicher?	enta muta'kked? إنت متأكد؟

Beruhigen Sie sich bitte!	argūk ehḍa أرجوك إهدا
Ruhig!	hawwen 'aleyk! هون عليك!
Machen Sie sich keine Sorgen	mate'la'ʃ! ما تقلقش!
Alles wird gut.	kol ʃey' ḥaykūn tamām كل شيء ح يكون تمام
Alles ist in Ordnung.	kol ʃey' tamām كل شيء تمام
Kommen Sie bitte her.	ta'āla hena laww samaḥt تعالى هنا لو سمحت
Ich habe einige Fragen für Sie.	'andy līk as'ela عندي لك أسئلة

Warten Sie einen Moment bitte.

esstanna laḥza men faḍlak

إستنى لحظة من فضلك

Haben Sie einen Identifikationsnachweis?

'andak raqam qawwmy

عندك رقم قومي

Danke. Sie können nun gehen.

ʃokran. momken temʃy dellwa'ty

شكرا. ممكن تمشي دلوقتي

Hände hinter dem Kopf!

eydeyk wara rāsak!

إيديك ورا راسك!

Sie sind verhaftet!

enta maqbūḍ 'aleyk!

إنت مقبوض عليك!

Gesundheitsprobleme

Helfen Sie mir bitte.	argūk sāʿdny أرجوك ساعدني
Mir ist schlecht.	ana taʿbān أنا تعبان
Meinem Ehemann ist schlecht.	gouzy taʿbān جوزي تعبان
Mein Sohn …	ebny … إبني …
Mein Vater …	waldy … والدي …
Meine Frau fühlt sich nicht gut.	merāty taʿbāna مراتي تعابة
Meine Tochter …	bennty … بنتي …
Meine Mutter …	waldety … والدتي …
Ich habe … schmerzen.	ana ʿandy … أنا عندي …
Kopf-	ṣodāʿ صداع
Hals-	eḥtiqān fel zore إحتقان في الزور
Bauch-	maɣaṣṣ مغص
Zahn-	alam asnān ألم أسنان
Mir ist schwindelig.	ʃāʿer be dawār شاعر بدوار
Er hat Fieber.	ʿandak ḥomma عنده حمي
Sie hat Fieber.	ʿandaha ḥomma عندها حمي
Ich kann nicht atmen.	meʃ ʾāder attnaffess مش قادر أتنفس
Ich kriege keine Luft.	meʃ ʾāder attnaffess مش قادر أتنفس
Ich bin Asthmatiker.	ana ʿandy azzma أنا عندي أزمة
Ich bin Diabetiker /Diabetikerin/	ana ʿandy el sokkar أنا عندي السكر

Ich habe Schlaflosigkeit.	meʃ ʾāder anām
	مش قادر أنام
Lebensmittelvergiftung	tassammom ɣezāʾy
	تسمم غذائي

Es tut hier weh.	betewwgaʿ hena
	بتوجع هنا
Hilfe!	sāʿedny!
	ساعدني!
Ich bin hier!	ana hena!
	أنا هنا!
Wir sind hier!	ehna hena!
	إحنا هنا!
Bringen Sie mich hier raus!	ɣarragūny men hena
	خرجوني من هنا
Ich brauche einen Arzt.	ana mehtāg tabīb
	أنا محتاج طبيب
Ich kann mich nicht bewegen.	meʃ ʾāder at-harrak
	مش قادر أتحرك
Ich kann meine Beine nicht bewegen.	meʃ ʾāder aharrak reglaya
	مش قادر أحرك رجلية

Ich habe eine Wunde.	ʾandy garrhh
	عندي جرح
Ist es ernst?	da beggad?
	دة بجد؟
Meine Dokumente sind in meiner Hosentasche.	awwrāʾy fi geyby
	أوراقي في جيبي
Beruhigen Sie sich!	ehhdaʾ!
	إهدا!
Kann ich Ihr Telefon benutzen?	momken asstaxdem telefonak?
	ممكن أستخدم تليفونك؟

Rufen Sie einen Krankenwagen!	otlob ʿarabeyet esʿāf!
	أطلب عربية إسعاف!
Es ist dringend!	di hāla messtaʿgela!
	دي حالة مستعجلة!
Es ist ein Notfall!	di hāla tāreʾa!
	دي حالة طارئة!
Schneller bitte!	besorʿa men fadlak!
	بسرعة من فضلك!
Können Sie bitte einen Arzt rufen?	momken tekallem doktore men fadlak?
	ممكن تكلم دكتور من فضلك؟
Wo ist das Krankenhaus?	feyn el mostaʃfa?
	فين المستشفى؟

Wie fühlen Sie sich?	hāsses be eyh dellwaʾty
	حاسس بإيه دلوقتي؟
Ist bei Ihnen alles in Ordnung?	enta bexeyr?
	إنت بخير؟
Was ist passiert?	eh elly hasal?
	إيه إللي حصل؟

Mir geht es schon besser.	ana ḥāsses eny aḥssan dellwa'ty
	أنا حاسس إني أحسن دلوقتي
Es ist in Ordnung.	tamām
	تمام
Alles ist in Ordnung.	kollo tamām
	كله تمام

In der Apotheke

Apotheke	ṣaydaliya
	صيدلية
24 Stunden Apotheke	ṣaydaliya arbʻa we ʻeʃrīn sāʻa
	صيدلية 24 ساعة
Wo ist die nächste Apotheke?	feyn aqrab ṣaydaliya?
	فين أقرب صيدلية؟

Ist sie jetzt offen?	hiya fat-ḥa dellwaʼty?
	هي فاتحة دلوقتي؟
Um wie viel Uhr öffnet sie?	betefftaḥ emta?
	بتفتح إمتى؟
Um wie viel Uhr schließt sie?	beteʼffel emta?
	بتقفل إمتى؟

Ist es weit?	hiya beʻeyda?
	هي بعيدة؟
Kann ich dort zu Fuß hingehen?	momken awṣal henāk māʃy?
	ممكن أوصل هناك ماشي؟
Können Sie es mir auf der Karte zeigen?	momken tewarrīny ʻlal xarīṭa?
	ممكن توريني على الخريطة؟

Bitte geben sie mir etwas gegen …	men faḍlak eddīny ḥāga le…
	من فضلك إديني حاجة لـ...
Kopfschmerzen	el sodāʻ
	الصداع
Husten	el kohḥa
	الكحة
eine Erkältung	el bard
	البرد
die Grippe	influenza
	الأنفلوانزا

Fieber	el ḥumma
	الحمى
Magenschmerzen	el maγaṣṣ
	المغص
Übelkeit	el γasayān
	الغثيان
Durchfall	el es-hāl
	الإسهال
Verstopfung	el emsāk
	الإمساك
Rückenschmerzen	alam fel ẓahr
	ألم في الظهر

Brustschmerzen	alam fel ṣadr
	ألم في الصدر
Seitenstechen	γorrza ganebiya
	غرزة جانبية
Bauchschmerzen	alam fel baṭtn
	ألم في البطن

Pille	ḥabba
	حبة
Salbe, Creme	marham, krīm
	مرهم، كريم
Sirup	ʃarāb
	شراب
Spray	baχāχ
	بخاخ
Tropfen	noqaṭṭ
	نقط

Sie müssen ins Krankenhaus gehen.	enta meḥtāg terūḥ
	انت محتاج تروح المستشفى
Krankenversicherung	ta'mīn ṣeḥhy
	تأمين صحي
Rezept	roʃetta
	روشتة
Insektenschutzmittel	ṭāred lel ḥaʃarāt
	طارد للحشرات
Pflaster	blastar
	بلاستر

Das absolute Minimum

Entschuldigen Sie bitte, …	ba'd ezznak, … بعد إذنك، …
Hallo.	ahlan أهلا
Danke.	ʃokran شكراً
Auf Wiedersehen.	ella alliqā' إلى اللقاء
Ja.	aywā أيوة
Nein.	la'a لأ
Ich weiß nicht.	ma'rafʃ ما أعرفش
Wo? | Wohin? | Wann?	feyn? | lefeyn? | emta? فين؟ ا لفين؟ ا إمتى؟
Ich brauche …	mehtāg … محتاج …
Ich möchte …	'āyez … عايز …
Haben Sie …?	ya tara 'andak …? يا ترى عندك…؟
Gibt es hier …?	feyh hena …? فيه هنا…؟
Kann ich …?	momken …? ممكن …؟
Bitte (anfragen)	… men faḍlak … من فضلك
Ich suche …	ana badawwar 'la … أنا بادور على …
die Toilette	hammām حمام
den Geldautomat	makīnet ṣarraf 'āaly ماكينة صراف آلي
die Apotheke	ṣaydaliya صيدلية
das Krankenhaus	mostaʃfa مستشفى
die Polizeistation	'essm el ʃorṭa قسم شرطة
die U-Bahn	metro el anfā' مترو الأنفاق

das Taxi	taksi
	تاكسي
den Bahnhof	mahattet el 'aṭṭr
	محطة القطر

Ich heiße …	essmy …
	إسمي...
Wie heißen Sie?	essmak eyh?
	اسمك إيه؟
Helfen Sie mir bitte.	te'ddar tesā'dny?
	تقدر تساعدني؟
Ich habe ein Problem.	ana 'andy moʃkela
	أنا عندي مشكلة
Mir ist schlecht.	ana ta'bān
	أنا تعبان
Rufen Sie einen Krankenwagen!	otlob 'arabeyet es'āf!
	أطلب عربية إسعاف!
Darf ich telefonieren?	momken a'mel mokalma telefoniya?
	ممكن أعمل مكالمة تليفونية؟

Entschuldigung.	ana 'āṣṣif
	أنا آسف
Keine Ursache.	el 'afw
	العفو

ich	ana
	أنا
du	enta
	أنت
er	howwa
	هو
sie	hiya
	هي
sie (Pl, Mask.)	homm
	هم
sie (Pl, Fem.)	homm
	هم
wir	ehna
	احنا
ihr	entom
	انتم
Sie	haḍḍretak
	حضرتك

EINGANG	doχūl
	دخول
AUSGANG	χorūg
	خروج
AUßER BETRIEB	'aṭṭlān
	عطلان
GESCHLOSSEN	moγlaq
	مغلق

OFFEN	maftūḥ
	مفتوح
FÜR DAMEN	lel sayedāt
	للسيدات
FÜR HERREN	lel reǧāl
	للرجال

KOMPAKTWÖRTERBUCH

Dieser Teil beinhaltet über
1.500 nützliche Wörter.
Das Wörterbuch beinhaltet
viele gastronomische Begriffe
und wird Ihnen hilfreich bei
der Bestellung von Essen in
einem Restaurant oder beim
Kauf von Lebensmitteln im
Lebensmittelgeschäft sein

T&P Books Publishing

INHALT WÖRTERBUCH

T&P Books Publishing

1. Zeit. Kalender

Zeit (f)	waqt (m)	وقت
Stunde (f)	sā'a (f)	ساعة
eine halbe Stunde	niṣf sā'a (m)	نصف ساعة
Minute (f)	daqīqa (f)	دقيقة
Sekunde (f)	θāniya (f)	ثانية
heute	al yawm	اليوم
morgen	ɣadan	غداً
gestern	ams	أمس
Montag (m)	yawm al iθnayn (m)	يوم الإثنين
Dienstag (m)	yawm aθ θulāθā' (m)	يوم الثلاثاء
Mittwoch (m)	yawm al arbi'ā' (m)	يوم الأربعاء
Donnerstag (m)	yawm al χamīs (m)	يوم الخميس
Freitag (m)	yawm al ʒum'a (m)	يوم الجمعة
Samstag (m)	yawm as sabt (m)	يوم السبت
Sonntag (m)	yawm al aḥad (m)	يوم الأحد
Tag (m)	yawm (m)	يوم
Arbeitstag (m)	yawm 'amal (m)	يوم عمل
Feiertag (m)	yawm al 'uṭla ar rasmiyya (m)	يوم العطلة الرسمية
Wochenende (n)	ayyām al 'uṭla (pl)	أيام العطلة
Woche (f)	usbū' (m)	أسبوع
letzte Woche	fil isbū' al māḍi	في الأسبوع الماضي
nächste Woche	fil isbū' al qādim	في الأسبوع القادم
Sonnenaufgang (m)	ʃurūq aʃ ʃams (m)	شروق الشمس
Sonnenuntergang (m)	ɣurūb aʃ ʃams (m)	غروب الشمس
morgens	fiṣ ṣabāḥ	في الصباح
nachmittags	ba'd aẓ ẓuhr	بعد الظهر
abends	fil masā'	في المساء
heute Abend	al yawm fil masā'	اليوم في المساء
nachts	bil layl	بالليل
Mitternacht (f)	muntaṣif al layl (m)	منتصف الليل
Januar (m)	yanāyir (m)	يناير
Februar (m)	fibrāyir (m)	فبراير
März (m)	māris (m)	مارس
April (m)	abrīl (m)	أبريل
Mai (m)	māyu (m)	مايو
Juni (m)	yūnyu (m)	يونيو
Juli (m)	yūlyu (m)	يوليو

August (m)	aɣusṭus (m)	أغسطس
September (m)	sibtambar (m)	سبتمبر
Oktober (m)	uktūbir (m)	أكتوبر
November (m)	nuvimbar (m)	نوفمبر
Dezember (m)	disimbar (m)	ديسمبر
im Frühling	fir rabī'	في الربيع
im Sommer	fiṣ ṣayf	في الصيف
im Herbst	fil ҳarīf	في الخريف
im Winter	fiʃ ʃitā'	في الشتاء
Monat (m)	ʃahr (m)	شهر
Saison (f)	faṣl (m)	فصل
Jahr (n)	sana (f)	سنة
Jahrhundert (n)	qarn (m)	قرن

2. Zahlen. Zahlwörter

Ziffer (f)	raqm (m)	رقم
Zahl (f)	'adad (m)	عدد
Minus (n)	nāqiṣ (m)	ناقص
Plus (n)	zā'id (m)	زائد
Summe (f)	maȝmū' (m)	مجموع
der erste	awwal	أوّل
der zweite	θāni	ثان
der dritte	θāliθ	ثالث
null	ṣifr	صفر
eins	wāḥid	واحد
zwei	iθnān	إثنان
drei	θalāθa	ثلاثة
vier	arba'a	أربعة
fünf	ҳamsa	خمسة
sechs	sitta	ستّة
sieben	sab'a	سبعة
acht	θamāniya	ثمانية
neun	tis'a	تسعة
zehn	'aʃara	عشرة
elf	aḥad 'aʃar	أحد عشر
zwölf	iθnā 'aʃar	إثنا عشر
dreizehn	θalāθat 'aʃar	ثلاثة عشر
vierzehn	arba'at 'aʃar	أربعة عشر
fünfzehn	ҳamsat 'aʃar	خمسة عشر
sechzehn	sittat 'aʃar	ستّة عشر
siebzehn	sab'at 'aʃar	سبعة عشر
achtzehn	θamāniyat 'aʃar	ثمانية عشر

neunzehn	tis'at 'aʃar	تسعة عشر
zwanzig	'iʃrūn	عشرون
dreißig	θalāθīn	ثلاثين
vierzig	arba'ūn	أربعون
fünfzig	χamsūn	خمسون

sechzig	sittūn	ستّون
siebzig	sab'ūn	سبعون
achtzig	θamānūn	ثمانون
neunzig	tis'ūn	تسعون
einhundert	mi'a	مائة
zweihundert	mi'atān	مائتان
dreihundert	θalāθumi'a	ثلاثمائة
vierhundert	rub'umi'a	أربعمائة
fünfhundert	χamsumi'a	خمسمائة

sechshundert	sittumi'a	ستّمائة
siebenhundert	sab'umi'a	سبعمائة
achthundert	θamānimi'a	ثمانمائة
neunhundert	tis'umi'a	تسعمائة
eintausend	alf	ألف

zehntausend	'aʃarat 'ālāf	عشرة آلاف
hunderttausend	mi'at alf	مائة ألف
Million (f)	milyūn (m)	مليون
Milliarde (f)	milyār (m)	مليار

3. Menschen. Familie

Mann (m)	raʒul (m)	رجل
Junge (m)	ʃābb (m)	شابّ
Teenager (m)	murāhiq (m)	مراهق
Frau (f)	imra'a (f)	إمرأة
Mädchen (n)	fatāt (f)	فتاة

Alter (n)	'umr (m)	عمر
Erwachsene (m)	bāliɣ (m)	بالغ
in mittleren Jahren	fi muntaṣaf al 'umr	في منتصف العمر
älterer (Adj)	'aʒūz	عجوز
alt (Adj)	'aʒūz	عجوز

Greis (m)	'aʒūz (m)	عجوز
alte Frau (f)	'aʒūza (f)	عجوزة
Ruhestand (m)	ma'āʃ (m)	معاش
in Rente gehen	uḥīl 'alal ma'āʃ	أحيل على المعاش
Rentner (m)	mutaqā'id (m)	متقاعد

Mutter (f)	umm (f)	أمّ
Vater (m)	ab (m)	أب
Sohn (m)	ibn (m)	إبن

Tochter (f)	ibna (f)	إبنة
Bruder (m)	aχ (m)	أخ
älterer Bruder (m)	al aχ al kabīr (m)	الأخ الكبير
jüngerer Bruder (m)	al aχ aṣ ṣaɣīr (m)	الأخ الصغير
Schwester (f)	uχt (f)	أخت
ältere Schwester (f)	al uχt al kabīra (f)	الأخت الكبيرة
jüngere Schwester (f)	al uχt aṣ ṣaɣīra (f)	الأخت الصغيرة

Eltern (pl)	wālidān (du)	والدان
Kind (n)	ṭifl (m)	طفل
Kinder (pl)	aṭfāl (pl)	أطفال
Stiefmutter (f)	zawʒat al ab (f)	زوجة الأب
Stiefvater (m)	zawʒ al umm (m)	زوج الأمّ

Großmutter (f)	ʒidda (f)	جدّة
Großvater (m)	ʒadd (m)	جدّ
Enkel (m)	ḥafīd (m)	حفيد
Enkelin (f)	ḥafīda (f)	حفيدة
Enkelkinder (pl)	aḥfād (pl)	أحفاد

Onkel (m)	'amm (m), χāl (m)	عمّ، خال
Tante (f)	'amma (f), χāla (f)	عمّة، خالة
Neffe (m)	ibn al aχ (m), ibn al uχt (m)	إبن الأخ، إبن الأخت
Nichte (f)	ibnat al aχ (f), ibnat al uχt (f)	إبنة الأخ، إبنة الأخت
Frau (f)	zawʒa (f)	زوجة
Mann (m)	zawʒ (m)	زوج
verheiratet (Ehemann)	mutazawwiʒ	متزوّج
verheiratet (Ehefrau)	mutazawwiʒa	متزوّجة
Witwe (f)	armala (f)	أرملة
Witwer (m)	armal (m)	أرمل

| Vorname (m) | ism (m) | إسم |
| Name (m) | ism al 'ā'ila (m) | إسم العائلة |

Verwandte (m)	qarīb (m)	قريب
Freund (m)	ṣadīq (m)	صديق
Freundschaft (f)	ṣadāqa (f)	صداقة

Partner (m)	rafīq (m)	رفيق
Vorgesetzte (m)	ra'īs (m)	رئيس
Kollege (m), Kollegin (f)	zamīl (m)	زميل
Nachbarn (pl)	ʒirān (pl)	جيران

4. Menschlicher Körper. Anatomie

Organismus (m)	ʒism (m)	جسم
Körper (m)	ʒism (m)	جسم
Herz (n)	qalb (m)	قلب
Blut (n)	dam (m)	دم
Gehirn (n)	muχχ (m)	مخ

Nerv (m)	'aṣab (m)	عصب
Knochen (m)	'aẓm (m)	عظم
Skelett (n)	haykal 'aẓmiy (m)	هيكل عظميّ
Wirbelsäule (f)	'amūd faqriy (m)	عمود فقري
Rippe (f)	ḍil' (m)	ضلع
Schädel (m)	ʒumʒuma (f)	جمجمة
Muskel (m)	'aḍala (f)	عضلة
Lungen (pl)	ri'atān (du)	رئتان
Haut (f)	buʃra (m)	بشرة
Kopf (m)	ra's (m)	رأس
Gesicht (n)	waʒh (m)	وجه
Nase (f)	anf (m)	أنف
Stirn (f)	ʒabha (f)	جبهة
Wange (f)	xadd (m)	خدّ
Mund (m)	fam (m)	فم
Zunge (f)	lisān (m)	لسان
Zahn (m)	sinn (f)	سنّ
Lippen (pl)	ʃifāh (pl)	شفاه
Kinn (n)	ðaqan (m)	ذقن
Ohr (n)	uðun (f)	أذن
Hals (m)	raqaba (f)	رقبة
Kehle (f)	ḥalq (m)	حلق
Auge (n)	'ayn (f)	عين
Pupille (f)	ḥadaqa (f)	حدقة
Augenbraue (f)	ḥāʒib (m)	حاجب
Wimper (f)	rimʃ (m)	رمش
Haare (pl)	ʃa'r (m)	شعر
Frisur (f)	tasrīḥa (f)	تسريحة
Schnurrbart (m)	ʃawārib (pl)	شوارب
Bart (m)	liḥya (f)	لحية
haben (einen Bart ~)	'indahu	عنده
kahl	aṣla'	أصلع
Hand (f)	yad (m)	يد
Arm (m)	ðirā' (f)	ذراع
Finger (m)	iṣba' (m)	إصبع
Nagel (m)	ẓufr (m)	ظلفر
Handfläche (f)	kaff (f)	كفّ
Schulter (f)	katf (f)	كتف
Bein (n)	riʒl (f)	رجل
Fuß (m)	qadam (f)	قدم
Knie (n)	rukba (f)	ركبة
Ferse (f)	'aqb (m)	عقب
Rücken (m)	ẓahr (m)	ظهر
Taille (f)	xaṣr (m)	خصر

| Leberfleck (m) | ʃāma (f) | شامة |
| Muttermal (n) | waḥma | وحمة |

5. Medizin. Krankheiten. Medikamente

Gesundheit (f)	ṣiḥḥa (f)	صِحّة
gesund (Adj)	salīm	سليم
Krankheit (f)	maraḍ (m)	مرض
krank sein	maraḍ	مرض
krank (Adj)	marīḍ	مريض

Erkältung (f)	bard (m)	برد
sich erkälten	aṣābahu al bard	أصابه البرد
Angina (f)	iltihāb al lawzatayn (m)	التهاب اللوزتين
Lungenentzündung (f)	iltihāb ar ri'atayn (m)	إلتهاب الرئتين
Grippe (f)	inflūnza (f)	إنفلونزا

Schnupfen (m)	zukām (m)	زكام
Husten (m)	su'āl (m)	سعال
husten (vi)	sa'al	سعل
niesen (vi)	'aṭas	عطس

Schlaganfall (m)	sakta (f)	سكتة
Infarkt (m)	iḥtiʃā' (m)	إحتشاء
Allergie (f)	ḥassāsiyya (f)	حسّاسيّة
Asthma (n)	rabw (m)	ربو
Diabetes (m)	ad dā' as sukkariy (m)	الداء السكّريَ

Tumor (m)	waram (m)	ورم
Krebs (m)	saraṭān (m)	سرطان
Alkoholismus (m)	idmān al xamr (m)	إدمان الخمر
AIDS	al aydz (m)	الايدز
Fieber (n)	ḥumma (f)	حمى
Seekrankheit (f)	duwār al baḥr (m)	دوار البحر

blauer Fleck (m)	kadma (f)	كدمة
Beule (f)	tawarrum (m)	تورّم
hinken (vi)	'araʒ	عرج
Verrenkung (f)	xal' (m)	خلع
ausrenken (vt)	xala'	خلع

Fraktur (f)	kasr (m)	كسر
Verbrennung (f)	ḥarq (m)	حرق
Verletzung (f)	iṣāba (f)	إصابة
Schmerz (m)	alam (m)	ألم
Zahnschmerz (m)	alam al asnān (m)	ألم الأسنان

schwitzen (vi)	'ariq	عرق
taub	aṭraʃ	أطرش
stumm	axras	أخرس

Immunität (f)	manā'a (f)	مناعة
Virus (m, n)	virūs (m)	فيروس
Mikrobe (f)	mikrūb (m)	ميكروب
Bakterie (f)	ʒurθūma (f)	جرثومة
Infektion (f)	'adwa (f)	عدوى
Krankenhaus (n)	mustaʃfa (m)	مستشفى
Heilung (f)	'ilāʒ (m)	علاج
impfen (vt)	laqqaḥ	لقّح
im Koma liegen	kān fi ḥālat ɣaybūba	كان في حالة غيبوبة
Reanimation (f)	al 'ināya al murakkaza (f)	العناية المركّزة
Symptom (n)	'araḍ (m)	عرض
Puls (m)	nabḍ (m)	نبض

6. Empfindungen. Gefühle. Unterhaltung

ich	ana	أنا
du (Mask.)	anta	أنت
du (Fem.)	anti	أنت
er	huwa	هو
sie	hiya	هي
wir	naḥnu	نحن
ihr	antum	أنتم
sie	hum	هم
Hallo! (Amtsspr.)	as salāmu 'alaykum!	السلام عليكم!
Guten Morgen!	ṣabāḥ al ɣayr!	صباح الخير!
Guten Tag!	nahārak saʿīd!	نهارك سعيد!
Guten Abend!	masā' al ɣayr!	مساء الخير!
grüßen (vi, vt)	sallam	سلّم
begrüßen (vt)	sallam 'ala	سلّم على
Wie geht's?	kayfa ḥāluka?	كيف حالك؟
Auf Wiedersehen!	ma' as salāma!	مع السلامة!
Danke!	ʃukran!	شكراً!
Gefühle (pl)	maʃā'ir (pl)	مشاعر
hungrig sein	arād an ya'kul	أراد أن يأكل
Durst haben	arād an yaʃrab	أراد أن يشرب
müde	ta'bān	تعبان
sorgen (vi)	qalaq	قلق
nervös sein	qalaq	قلق
Hoffnung (f)	amal (m)	أمل
hoffen (vi)	tamanna	تمنّى
Charakter (m)	ṭab' (m)	طبع
bescheiden	mutawāḍi'	متواضع
faul	kaslān	كسلان
freigebig	karīm	كريم

talentiert	mawhūb	موهوب
ehrlich	amīn	أمين
ernst	ʒādd	جادّ
schüchtern	χaʒūl	خجول
aufrichtig (Adj)	muχliṣ	مخلص
Feigling (m)	ʒabān (m)	جبان
schlafen (vi)	nām	نام
Traum (m)	ḥulm (m)	حلم
Bett (n)	sarīr (m)	سرير
Kissen (n)	wisāda (f)	وسادة
Schlaflosigkeit (f)	araq (m)	أرق
schlafen gehen	ðahab ila n nawm	ذهب إلى النوم
Alptraum (m)	kābūs (m)	كابوس
Wecker (m)	munabbih (m)	منبّه
Lächeln (n)	ibtisāma (f)	إبتسامة
lächeln (vi)	ibtasam	إبتسم
lachen (vi)	ḍaḥik	ضحك
Zank (m)	muʃāʒara (f)	مشاجرة
Kränkung (f)	ihāna (f)	إهانة
Beleidigung (f)	ḍaym (m)	ضيم
verärgert	zaʕlān	زعلان

7. Kleidung. Persönliche Accessoires

Kleidung (f)	malābis (pl)	ملابس
Mantel (m)	miʕṭaf (m)	معطف
Pelzmantel (m)	miʕṭaf farw (m)	معطف فرو
Jacke (z.B. Lederjacke)	ʒākīt (m)	جاكيت
Regenmantel (m)	miʕṭaf lil maṭar (m)	معطف للمطر
Hemd (n)	qamīṣ (m)	قميص
Hose (f)	banṭalūn (m)	بنطلون
Jackett (n)	sutra (f)	سترة
Anzug (m)	badla (f)	بدلة
Damenkleid (n)	fustān (m)	فستان
Rock (m)	tannūra (f)	تنّورة
T-Shirt (n)	ti ʃirt (m)	تي شيرت
Bademantel (m)	θawb ḥammām (m)	ثوب حمّام
Schlafanzug (m)	biʒāma (f)	بيجاما
Arbeitskleidung (f)	θiyāb al ʕamal (m)	ثياب العمل
Unterwäsche (f)	malābis dāχiliyya (pl)	ملابس داخليّة
Socken (pl)	ʒawārib (pl)	جوارب
Büstenhalter (m)	ḥammālat ṣadr (f)	حمّالة صدر
Strumpfhose (f)	ʒawārib kulūn (pl)	جوارب كولون
Strümpfe (pl)	ʒawārib nisāʔiyya (pl)	جوارب نسائية

Badeanzug (m)	libās sibāḥa (m)	لباس سباحة
Mütze (f)	qubba'a (f)	قبّعة
Schuhe (pl)	aḥðiya (pl)	أحذية
Stiefel (pl)	būt (m)	بوت
Absatz (m)	ka'b (m)	كعب
Schnürsenkel (m)	ʃarīṭ (m)	شريط
Schuhcreme (f)	warniʃ al ḥiðā' (m)	ورنيش الحذاء

Baumwolle (f)	quṭn (m)	قطن
Wolle (f)	ṣūf (m)	صوف
Pelz (m)	farw (m)	فرو

Handschuhe (pl)	quffāz (m)	قفّاز
Fausthandschuhe (pl)	quffāz muɣlaq (m)	قفّاز مغلق
Schal (Kaschmir-)	ʃjārb (m)	إيشارب
Brille (f)	naẓẓāra (f)	نظّارة
Regenschirm (m)	ʃamsiyya (f)	شمسيّة

Krawatte (f)	karavatta (f)	كرافتة
Taschentuch (n)	mandīl (m)	منديل
Kamm (m)	miʃṭ (m)	مشط
Haarbürste (f)	furʃat ʃa'r (f)	فرشة شعر
Schnalle (f)	bukla (f)	بكلة
Gürtel (m)	ḥizām (m)	حزام
Handtasche (f)	ʃanṭat yad (f)	شنطة يد

Kragen (m)	yāqa (f)	ياقة
Tasche (f)	ʒayb (m)	جيب
Ärmel (m)	kumm (m)	كمّ
Hosenschlitz (m)	lisān (m)	لسان

Reißverschluss (m)	zimām munzaliq (m)	زمام منزلق
Knopf (m)	zirr (m)	زرّ
sich beschmutzen	tawassaχ	توسّخ
Fleck (m)	buq'a (f)	بقعة

8. Stadt. Innerstädtische Einrichtungen

Laden (m)	maḥall (m)	محلّ
Einkaufszentrum (n)	markaz tiʒāriy (m)	مركز تجاريّ
Supermarkt (m)	subirmarkit (m)	سوبرماركت
Schuhgeschäft (n)	maḥall aḥðiya (m)	محلّ أحذية
Buchhandlung (f)	maḥall kutub (m)	محلّ كتب

Apotheke (f)	ṣaydaliyya (f)	صيدليّة
Bäckerei (f)	maχbaz (m)	مخبز
Konditorei (f)	dukkān ḥalawāniy (m)	دكّان حلوانيّ
Lebensmittelladen (m)	baqqāla (f)	بقّالة
Metzgerei (f)	malḥama (f)	ملحمة
Gemüseladen (m)	dukkān χuḍār (m)	دكّان خضار

Markt (m)	sūq (f)	سوق
Friseursalon (m)	ṣālūn ḥilāqa (m)	صالون حلاقة
Post (f)	maktab al barīd (m)	مكتب البريد
chemische Reinigung (f)	tanzīf ʒāff (m)	تنظيف جافّ
Zirkus (m)	sirk (m)	سيرك
Zoo (m)	ḥadīqat al ḥayawān (f)	حديقة حيوان
Theater (n)	masraḥ (m)	مسرح
Kino (n)	sinima (f)	سينما
Museum (n)	matḥaf (m)	متحف
Bibliothek (f)	maktaba (f)	مكتبة
Moschee (f)	masʒid (m)	مسجد
Synagoge (f)	kanīs maʻbad yahūdiy (m)	كنيس معبد يهوديّ
Kathedrale (f)	katidrāʼiyya (f)	كاتدرائيّة
Tempel (m)	maʻbad (m)	معبد
Kirche (f)	kanīsa (f)	كنيسة
Institut (n)	kulliyya (m)	كلّيّة
Universität (f)	ʒāmiʻa (f)	جامعة
Schule (f)	madrasa (f)	مدرسة
Hotel (n)	funduq (m)	فندق
Bank (f)	bank (m)	بنك
Botschaft (f)	safāra (f)	سفارة
Reisebüro (n)	ʃarikat siyāḥa (f)	شركة سياحة
U-Bahn (f)	mitru (m)	مترو
Krankenhaus (n)	mustaʃfa (m)	مستشفى
Tankstelle (f)	maḥaṭṭat banzīn (f)	محطّة بنزين
Parkplatz (m)	mawqif as sayyārāt (m)	موقف السيّارات
EINGANG	duxūl	دخول
AUSGANG	xurūʒ	خروج
DRÜCKEN	idfaʻ	إدفع
ZIEHEN	isḥab	إسحب
GEÖFFNET	maftūḥ	مفتوح
GESCHLOSSEN	muɣlaq	مغلق
Denkmal (n)	timθāl (m)	تمثال
Festung (f)	qalʻa (f), ḥiṣn (m)	قلعة، حصن
Palast (m)	qaṣr (m)	قصر
mittelalterlich	min al qurūn al wusṭa	من القرون الوسطى
alt (antik)	qadīm	قديم
national	waṭaniy	وطنيّ
berühmt	maʃhūr	مشهور

9. Geld. Finanzen

Geld (n)	nuqūd (pl)	نقود
Münze (f)	qiṭʻa naqdiyya (f)	قطعة نقديّة

Dollar (m)	dulār (m)	دولار
Euro (m)	yuru (m)	يورو
Geldautomat (m)	ṣarrāf 'āliy (m)	صرّاف آليّ
Wechselstube (f)	ṣarrāfa (f)	صرّافة
Kurs (m)	si'r aṣ ṣarf (m)	سعر الصرف
Bargeld (n)	nuqūd (pl)	نقود
Wie viel?	bikam?	بكم؟
zahlen (vt)	dafaʿ	دفع
Lohn (m)	dafʿ (m)	دفع
Wechselgeld (n)	al bāqi (m)	الباقي
Preis (m)	si'r (m)	سعر
Rabatt (m)	χaṣm (m)	خصم
billig	raχīṣ	رخيص
teuer	ɣāli	غال
Bank (f)	bank (m)	بنك
Konto (n)	ḥisāb (m)	حساب
Kreditkarte (f)	biṭāqat i'timān (f)	بطاقة إئتمان
Scheck (m)	ʃīk (m)	شيك
einen Scheck schreiben	katab ʃīk	كتب شيكًا
Scheckbuch (n)	daftar ʃīkāt (m)	دفتر شيكات
Schulden (pl)	dayn (m)	دين
Schuldner (m)	mudīn (m)	مدين
leihen (vt)	sallaf	سلّف
leihen, borgen (Geld usw.)	istalaf	إستلف
leihen, mieten (ein Auto usw.)	ista'ʒar	إستأجر
auf Kredit	bid dayn	بالدين
Geldtasche (f)	maḥfaẓat ʒīb (f)	محفظة جيب
Safe (m)	χizāna (f)	خزانة
Erbschaft (f)	wirāθa (f)	وراثة
Vermögen (n)	θarwa (f)	ثروة
Steuer (f)	ḍarība (f)	ضريبة
Geldstrafe (f)	ɣarāma (f)	غرامة
bestrafen (vt)	faraḍ ɣarāma	فرض غرامة
Großhandels-	al ʒumla	الجملة
Einzelhandels-	at taʒzi'a	التجزئة
versichern (vt)	amman	أمّن
Versicherung (f)	ta'mīn (m)	تأمين
Kapital (n)	ra's māl (m)	رأس مال
Umsatz (m)	dawrat ra's al māl (f)	دورة رأس المال
Aktie (f)	sahm (m)	سهم
Gewinn (m)	ribḥ (m)	ربح
gewinnbringend	murbiḥ	مربح
Krise (f)	azma (f)	أزمة

| Bankrott (m) | iflās (m) | إفلاس |
| Bankrott machen | aflas | أفلس |

Buchhalter (m)	muḥāsib (m)	محاسب
Lohn (m)	murattab (m)	مرتّب
Prämie (f)	ʿilāwa (f)	علاوة

10. Transport

Bus (m)	bāṣ (m)	باص
Straßenbahn (f)	trām (m)	ترام
Obus (m)	truli bāṣ (m)	ترولي باص

mit ... fahren	rakib ...	ركب...
einsteigen (vi)	rakib	ركب
aussteigen (aus dem Bus)	nazil min	نزل من

Haltestelle (f)	mawqif (m)	موقف
Endhaltestelle (f)	āxir maḥaṭṭa (f)	آخر محطّة
Fahrplan (m)	ʒadwal (m)	جدول
Fahrkarte (f)	taðkira (f)	تذكرة
sich verspäten	taʾaxxar	تأخّر

Taxi (n)	taksi (m)	تاكسي
mit dem Taxi	bit taksi	بالتاكسي
Taxistand (m)	mawqif taksi (m)	موقف تاكسي

Straßenverkehr (m)	ḥarakat al murūr (f)	حركة المرور
Hauptverkehrszeit (f)	sāʿat að ðurwa (f)	ساعة الذروة
parken (vi)	awqaf	أوقف

U-Bahn (f)	mitru (m)	مترو
Station (f)	maḥaṭṭa (f)	محطّة
Zug (m)	qiṭār (m)	قطار
Bahnhof (m)	maḥaṭṭat qiṭār (f)	محطّة قطار
Schienen (pl)	quḍubān (pl)	قضبان
Abteil (n)	ɣurfa (f)	غرفة
Liegeplatz (m), Schlafkoje (f)	sarīr (m)	سرير

Flugzeug (n)	ṭāʾira (f)	طائرة
Flugticket (n)	taðkirat ṭāʾira (f)	تذكرة طائرة
Fluggesellschaft (f)	ʃarikat ṭayarān (f)	شركة طيران
Flughafen (m)	maṭār (m)	مطار

Flug (m)	ṭayarān (m)	طيران
Gepäck (n)	aʃ ʃunaṭ (pl)	الشنط
Kofferkuli (m)	ʿarabat ʃunaṭ	عربة شنط

| Schiff (n) | safīna (f) | سفينة |
| Kreuzfahrtschiff (n) | bāxira siyaḥiyya (f) | باخرة سياحيّة |

Jacht (f)	yaχt (m)	يخت
Boot (n)	markab (m)	مركب
Kapitän (m)	qubṭān (m)	قبطان
Kajüte (f)	kabīna (f)	كابينة
Hafen (m)	mīnā' (m)	ميناء
Fahrrad (n)	darrāʒa (f)	درّاجة
Motorroller (m)	skutir (m)	سكوتر
Motorrad (n)	darrāʒa nāriyya (f)	درّاجة نارية
Pedal (n)	dawwāsa (f)	دوّاسة
Pumpe (f)	ṭulumba (f)	طلمبة
Rad (n)	ʕaʒala (f)	عجلة
Auto (n)	sayyāra (f)	سيّارة
Krankenwagen (m)	is'āf (m)	إسعاف
Lastkraftwagen (m)	ʃāḥina (f)	شاحنة
gebraucht	musta'mal	مستعمل
Unfall (m)	ḥādiθ sayyāra (f)	حادث سيّارة
Reparatur (f)	iṣlāḥ (m)	إصلاح

11. Essen. Teil 1

Fleisch (n)	laḥm (m)	لحم
Hühnerfleisch (n)	daʒāʒ (m)	دجاج
Ente (f)	baṭṭa (f)	بطّة
Schweinefleisch (n)	laḥm al χinzīr (m)	لحم الخنزير
Kalbfleisch (n)	laḥm il 'iʒl (m)	لحم العجل
Hammelfleisch (n)	laḥm aḍ ḍa'n (m)	لحم الضأن
Rindfleisch (n)	laḥm al baqar (m)	لحم البقر
Wurst (f)	suʒuq (m)	سجق
Ei (n)	bayḍa (f)	بيضة
Fisch (m)	samak (m)	سمك
Käse (m)	ʒubna (f)	جبنة
Zucker (m)	sukkar (m)	سكّر
Salz (n)	milḥ (m)	ملح
Reis (m)	urz (m)	أرز
Teigwaren (pl)	makarūna (f)	مكرونة
Butter (f)	zubda (f)	زبدة
Pflanzenöl (n)	zayt (m)	زيت
Brot (n)	χubz (m)	خبز
Schokolade (f)	ʃukulāta (f)	شكولاتة
Wein (m)	nabīð (f)	نبيذ
Kaffee (m)	qahwa (f)	قهوة
Milch (f)	ḥalīb (m)	حليب
Saft (m)	ʕaṣīr (m)	عصير

Deutsch	Transkription	العربية
Bier (n)	bīra (f)	بيرة
Tee (m)	ʃāy (m)	شاي
Tomate (f)	ṭamāṭim (f)	طماطم
Gurke (f)	xiyār (m)	خيار
Karotte (f)	ʒazar (m)	جزر
Kartoffel (f)	baṭāṭis (f)	بطاطس
Zwiebel (f)	baṣal (m)	بصل
Knoblauch (m)	θūm (m)	ثوم
Kohl (m)	kurumb (m)	كرنب
Rote Bete (f)	banʒar (m)	بنجر
Aubergine (f)	bātinʒān (m)	باذنجان
Dill (m)	ʃabat (m)	شبت
Kopf Salat (m)	xass (m)	خسّ
Mais (m)	ðura (f)	ذرة
Frucht (f)	fākiha (f)	فاكهة
Apfel (m)	tuffāḥa (f)	تفّاحة
Birne (f)	kummaθra (f)	كمّثرى
Zitrone (f)	laymūn (m)	ليمون
Apfelsine (f)	burtuqāl (m)	برتقال
Erdbeere (f)	farawla (f)	فراولة
Pflaume (f)	barqūq (m)	برقوق
Himbeere (f)	tūt al ʿullayq al aḥmar (m)	توت العليق الأحمر
Ananas (f)	ananās (m)	أناناس
Banane (f)	mawz (m)	موز
Wassermelone (f)	baṭṭīx aḥmar (m)	بطّيخ أحمر
Weintrauben (pl)	ʿinab (m)	عنب
Melone (f)	baṭṭīx aṣfar (f)	بطّيخ أصفر

12. Essen. Teil 2

Deutsch	Transkription	العربية
Küche (f)	maṭbax (m)	مطبخ
Rezept (n)	waṣfa (f)	وصفة
Essen (n)	akl (m)	أكل
frühstücken (vi)	afṭar	أفطر
zu Mittag essen	taɣadda	تغدّى
zu Abend essen	taʿaʃʃa	تعشّى
Geschmack (m)	ṭaʿm (m)	طعم
lecker	laðīð	لذيذ
kalt	bārid	بارد
heiß	sāxin	ساخن
süß	musakkar	مسكّر
salzig	māliḥ	مالح
belegtes Brot (n)	sandawitʃ (m)	ساندويتش
Beilage (f)	ṭabaq ʒānibiy (m)	طبق جانبيّ

Füllung (f)	ḥaʃwa (f)	حشوة
Soße (f)	ṣalṣa (f)	صلصة
Stück (ein ~ Kuchen)	qiṭʿa (f)	قطعة

Diät (f)	ḥimya ɣaðāʾiyya (f)	حمية غذائية
Vitamin (n)	vitamīn (m)	فيتامين
Kalorie (f)	suʿra ḥarāriyya (f)	سعرة حراريّة
Vegetarier (m)	nabātiy (m)	نباتيّ

Restaurant (n)	maṭʿam (m)	مطعم
Kaffeehaus (n)	kafé (m), maqha (m)	كافيه، مقهى
Appetit (m)	ʃahiyya (f)	شهيّة
Guten Appetit!	hanīʾan marīʾan!	هنيئًا مريئًا!

Kellner (m)	nādil (m)	نادل
Kellnerin (f)	nādila (f)	نادلة
Barmixer (m)	bārman (m)	بارمان
Speisekarte (f)	qāʾimat aṭ ṭaʿām (f)	قائمة طعام

Löffel (m)	milʿaqa (f)	ملعقة
Messer (n)	sikkīn (m)	سكّين
Gabel (f)	ʃawka (f)	شوكة
Tasse (eine ~ Tee)	finʒān (m)	فنجان

Teller (m)	ṭabaq (m)	طبق
Untertasse (f)	ṭabaq finʒān (m)	طبق فنجان
Serviette (f)	mandīl (m)	منديل
Zahnstocher (m)	xallat asnān (f)	خلّة أسنان

bestellen (vt)	ṭalab	طلب
Gericht (n)	waʒba (f)	وجبة
Portion (f)	waʒba (f)	وجبة
Vorspeise (f)	muqabbilāt (pl)	مقبّلات
Salat (m)	sulṭa (f)	سلطة
Suppe (f)	ʃūrba (f)	شورية

Nachtisch (m)	ḥalawiyyāt (pl)	حلويّات
Konfitüre (f)	murabba (m)	مربى
Eis (n)	muθallaʒāt (pl)	مثلّجات
Rechnung (f)	ḥisāb (m)	حساب
Rechnung bezahlen	dafaʿ al ḥisāb	دفع الحساب
Trinkgeld (n)	baqʃīʃ (m)	بقشيش

13. Haus. Wohnung. Teil 1

Haus (n)	bayt (m)	بيت
Landhaus (n)	bayt rīfiy (m)	بيت ريفيّ
Villa (f)	villa (f)	فيلا
Stock (m)	ṭābiq (m)	طابق
Eingang (m)	madxal (m)	مدخل

Wand (f)	ḥā'iṭ (m)	حائط
Dach (n)	saqf (m)	سقف
Schlot (m)	madχana (f)	مدخنة
Dachboden (m)	'ullayya (f)	علّية
Fenster (n)	ʃubbāk (m)	شبّاك
Fensterbrett (n)	raff ʃubbāk (f)	رف شبّاك
Balkon (m)	ʃurfa (f)	شرفة
Treppe (f)	sullam (m)	سلّم
Briefkasten (m)	ṣundūq al barīd (m)	صندوق البريد
Müllkasten (m)	ṣundūq az zubāla (m)	صندوق الزبالة
Aufzug (m)	miṣ'ad (m)	مصعد
Elektrizität (f)	kahrabā' (m)	كهرباء
Glühbirne (f)	lamba (f)	لمبة
Schalter (m)	miftāḥ (m)	مفتاح
Steckdose (f)	barizat al kahrabā' (f)	بريزة الكهرباء
Sicherung (f)	fāṣima (f)	فاصمة
Tür (f)	bāb (m)	باب
Griff (m)	qabḍat al bāb (f)	قبضة الباب
Schlüssel (m)	miftāḥ (m)	مفتاح
Fußmatte (f)	siʒāda (f)	سجادة
Schloss (n)	qifl al bāb (m)	قفل الباب
Türklingel (f)	ʒaras (m)	جرس
Klopfen (n)	ṭarq, daqq (m)	طرق، دقّ
anklopfen (vi)	daqq	دقّ
Türspion (m)	al 'ayn as siḥriyya (m)	العين السحريّة
Hof (m)	finā' (m)	فناء
Garten (m)	ḥadīqa (f)	حديقة
Schwimmbad (n)	masbaḥ (m)	مسبح
Kraftraum (m)	qā'at at tamrīnāt (f)	قاعة التمرينات
Tennisplatz (m)	mal'ab tinis (m)	ملعب تنس
Garage (f)	qarāʒ (m)	جراج
Privateigentum (n)	milkiyya χāṣṣa (f)	ملكيّة خاصّة
Warnschild (n)	lāfitat taḥðīr (f)	لافتة تحذير
Bewachung (f)	ḥirāsa (f)	حراسة
Wächter (m)	ḥāris amn (m)	حارس أمن
Renovierung (f)	taʒdīdāt (m)	تجديدات
renovieren (vt)	ʒaddad	جدّد
in Ordnung bringen	naẓẓam	نظّم
streichen (vt)	dahan	دهن
Tapete (f)	waraq ḥīṭān (m)	ورق حيطان
lackieren (vt)	ṭala bil warnīʃ	طلى بالورنيش
Rohr (n)	māsūra (f)	ماسورة
Werkzeuge (pl)	adawāt (pl)	أدوات
Keller (m)	sirdāb (m)	سرداب
Kanalisation (f)	ʃabakit il maʒāry (f)	شبكة مياه المجاري

14. Haus. Wohnung. Teil 2

Wohnung (f)	ʃaqqa (f)	شقّة
Zimmer (n)	ɣurfa (f)	غرفة
Schlafzimmer (n)	ɣurfat an nawm (f)	غرفة النوم
Esszimmer (n)	ɣurfat il akl (f)	غرفة الأكل
Wohnzimmer (n)	ṣālat al istiqbāl (f)	صالة الإستقبال
Arbeitszimmer (n)	maktab (m)	مكتب
Vorzimmer (n)	madχal (m)	مدخل
Badezimmer (n)	ḥammām (m)	حمّام
Toilette (f)	ḥammām (m)	حمّام
Fußboden (m)	arḍ (f)	أرض
Decke (f)	saqf (m)	سقف
Staub abwischen	masaḥ al ɣubār	مسح الغبار
Staubsauger (m)	miknasa kahrabāʼiyya (f)	مكنسة كهربائيّة
Staub saugen	nazzaf bi miknasa kahrabāʼiyya	نظّف بمكنسة كهربائيّة
Schrubber (m)	mimsaḥa ṭawīla (f)	ممسحة طويلة
Lappen (m)	mimsaḥa (f)	ممسحة
Besen (m)	miqaʃʃa (f)	مقشّة
Kehrichtschaufel (f)	ʒārūf (m)	جاروف
Möbel (n)	aθāθ (m)	أثاث
Tisch (m)	maktab (m)	مكتب
Stuhl (m)	kursiy (m)	كرسيّ
Sessel (m)	kursiy (m)	كرسيّ
Bücherschrank (m)	χizānat kutub (f)	خزانة كتب
Regal (n)	raff (m)	رفّ
Schrank (m)	dūlāb (m)	دولاب
Spiegel (m)	mirʼāt (f)	مرآة
Teppich (m)	siʒāda (f)	سجّادة
Kamin (m)	midfaʼa ḥāʼiṭiyya (f)	مدفأة حائطيّة
Vorhänge (pl)	satāʼir (pl)	ستائر
Tischlampe (f)	miṣbāḥ aṭ ṭāwila (m)	مصباح الطاولة
Kronleuchter (m)	naʒafa (f)	نجفة
Küche (f)	maṭbaχ (m)	مطبخ
Gasherd (m)	butuɣāz (m)	بوتوغاز
Elektroherd (m)	furn kaharabāʼiy (m)	فرن كهربائيّ
Mikrowellenherd (m)	furn al mikruwayv (m)	فرن الميكروويف
Kühlschrank (m)	θallāʒa (f)	ثلاجة
Tiefkühltruhe (f)	frīzir (m)	فريزير
Geschirrspülmaschine (f)	ɣassāla (f)	غسّالة
Wasserhahn (m)	ḥanafiyya (f)	حنفيّة
Fleischwolf (m)	farrāmat laḥm (f)	فرّامة لحم

Saftpresse (f)	ʿaṣṣāra (f)	عصّارة
Toaster (m)	maḥmaṣat xubz (f)	محمصة خبز
Mixer (m)	xallāṭ (m)	خلّاط

Kaffeemaschine (f)	mākinat ṣanʿ al qahwa (f)	ماكينة صنع القهوة
Wasserkessel (m)	barrād (m)	برّاد
Teekanne (f)	barrād aʃ ʃāy (m)	برّاد الشاي

Fernseher (m)	tilivizyūn (m)	تليفزيون
Videorekorder (m)	ʒihāz tasʒīl vidiyu (m)	جهاز تسجيل فيديو
Bügeleisen (n)	makwāt (f)	مكواة
Telefon (n)	hātif (m)	هاتف

15. Beschäftigung. Sozialstatus

Direktor (m)	mudīr (m)	مدير
Vorgesetzte (m)	raʾīs (m)	رئيس
Präsident (m)	raʾīs (m)	رئيس
Helfer (m)	musāʿid (m)	مساعد
Sekretär (m)	sikirtīr (m)	سكرتير

Besitzer (m)	ṣāḥib (m)	صاحب
Partner (m)	ʃarīk (m)	شريك
Aktionär (m)	musāhim (m)	مساهم

Geschäftsmann (m)	raʒul aʿmāl (m)	رجل أعمال
Millionär (m)	milyunīr (m)	مليونير
Milliardär (m)	milyardīr (m)	ملياردير

Schauspieler (m)	mumaθθil (m)	ممثّل
Architekt (m)	muhandis miʿmāriy (m)	مهندس معماريّ
Bankier (m)	ṣāḥib maṣraf (m)	صاحب مصرف
Makler (m)	simsār (m)	سمسار
Tierarzt (m)	ṭabīb bayṭariy (m)	طبيب بيطريّ
Arzt (m)	ṭabīb (m)	طبيب
Zimmermädchen (n)	ʿāmilat tanzīf ɣuraf (f)	عاملة تنظيف غرف
Designer (m)	muṣammim (m)	مصمّم
Korrespondent (m)	murāsil (m)	مراسل
Ausfahrer (m)	sāʿi (m)	ساع

Elektriker (m)	kahrabāʾiy (m)	كهربائيّ
Musiker (m)	ʿāzif (m)	عازف
Kinderfrau (f)	murabbiyat aṭfāl (f)	مربّية الأطفال
Friseur (m)	ḥallāq (m)	حلّاق
Hirt (m)	rāʿi (m)	راع

Sänger (m)	muɣanni (m)	مغنّ
Übersetzer (m)	mutarʒim (m)	مترجم
Schriftsteller (m)	kātib (m)	كاتب
Zimmermann (m)	naʒʒār (m)	نجّار

Koch (m)	ṭabbāχ (m)	طبّاخ
Feuerwehrmann (m)	raჳul itfā' (m)	رجل إطفاء
Polizist (m)	ʃurṭiy (m)	شرطيّ
Briefträger (m)	sā'i al barīd (m)	ساعي البريد
Programmierer (m)	mubarmiჳ (m)	مبرمج
Verkäufer (m)	bā'iʕ (m)	بائع

Arbeiter (m)	ʕāmil (m)	عامل
Gärtner (m)	bustāniy (m)	بستانيّ
Klempner (m)	sabbāk (m)	سبّاك
Zahnarzt (m)	ṭabīb al asnān (m)	طبيب الأسنان
Flugbegleiterin (f)	muḍīfat ṭayarān (f)	مضيفة طيران

Tänzer (m)	rāqiṣ (m)	راقص
Leibwächter (m)	ḥāris ʃaχṣiy (m)	حارس شخصيّ
Wissenschaftler (m)	ʕālim (m)	عالم
Lehrer (m)	mudarris madrasa (m)	مدرّس مدرسة

Farmer (m)	muzāriʕ (m)	مزارع
Chirurg (m)	ჳarrāḥ (m)	جرّاح
Bergarbeiter (m)	ʕāmil manჳam (m)	عامل منجم
Chefkoch (m)	ʃāf (m)	شاف
Fahrer (m)	sā'iq (m)	سائق

16. Sport

Sportart (f)	nawʕ min ar riyāḍa (m)	نوع من الرياضة
Fußball (m)	kurat al qadam (f)	كرة القدم
Eishockey (n)	huki (m)	هوكي
Basketball (m)	kurat as salla (f)	كرة السلّة
Baseball (m, n)	kurat al qā'ida (f)	كرة القاعدة

Volleyball (m)	al kura aṭ ṭā'ira (m)	الكرة الطائرة
Boxen (n)	mulākama (f)	ملاكمة
Ringen (n)	muṣāraʕa (f)	مصارعة
Tennis (n)	tinis (m)	تنس
Schwimmen (n)	sibāḥa (f)	سباحة

Schach (n)	ʃaṭranჳ (m)	شطرنج
Lauf (m)	ჳary (m)	جري
Leichtathletik (f)	alʕāb al qiwa (pl)	ألعاب القوى
Eiskunstlauf (m)	tazalluჳ fanniy ʕalal ჳalīd (m)	تزلج فنّيّ على الجليد
Radfahren (n)	sibāq ad darrāჳāt (m)	سباق الدرّاجات

Billard (n)	bilyārdu (m)	بلياردو
Bodybuilding (n)	kamāl aჳsām (m)	كمال أجسام
Golf (n)	gūlf (m)	جولف
Tauchen (n)	al χaws taḥt al mā' (m)	الغوص تحت الماء
Segelsport (m)	riyāḍa ibḥār al marākib (f)	رياضة إبحار المراكب

Bogenschießen (n)	rimāya (f)	رماية
Halbzeit (f)	ʃawṭ (m)	شوط
Halbzeit (f), Pause (f)	istirāḥa ma bayn aʃ ʃawṭayn (f)	إستراحة ما بين الشوطين
Unentschieden (n)	taʿādul (m)	تعادل
unentschieden spielen	taʿādal	تعادل

Laufband (n)	ʒihāz al maʃy (m)	جهاز المشي
Spieler (m)	lāʿib (m)	لاعب
Ersatzspieler (m)	lāʿib iḥtiyāṭiy (m)	لاعب إحتياطيّ
Ersatzbank (f)	dikkat al iḥṭiāṭy (f)	دكّة الإحتياطيّ

Spiel (n)	mubārāt (f)	مباراة
Tor (n)	marma (f)	مرمى
Torwart (m)	ḥāris al marma (m)	حارس المرمى
Tor (n)	hadaf (m)	هدف

Olympische Spiele (pl)	alʿāb ulumbiyya (pl)	ألعاب أولمبيّة
einen Rekord aufstellen	fāz bi raqm qiyāsiy	فاز برقم قياسيّ
Finale (n)	mubarāt nihāʾiyya (f)	مباراة نهائيّة
Meister (m)	baṭal (m)	بطل
Meisterschaft (f)	buṭūla (f)	بطولة

Sieger (m)	fāʾiz (m)	فائز
Sieg (m)	fawz (m)	فوز
gewinnen (Sieger sein)	fāz	فاز
verlieren (vt)	χasir	خسر
Medaille (f)	midāliyya (f)	ميداليّة

der erste Platz	al martaba al ūla (f)	المرتبة الأولى
der zweite Platz	al martaba aθ θāniya (f)	المرتبة الثانية
der dritte Platz	al martaba aθ θāliθa (f)	المرتبة الثالثة

Stadion (n)	malʿab (m)	ملعب
Fan (m)	muʃaʒʒiʿ (m)	مشجّع
Trainer (m)	mudarrib (m)	مدرّب
Training (n)	tadrīb (m)	تدريب

17. Fremdsprachen. Orthografie

Sprache (f)	luɣa (f)	لغة
studieren (z.B. Jura ~)	daras	درس
Aussprache (f)	nuṭq (m)	نطق
Akzent (m)	lukna (f)	لكنة

Substantiv (n)	ism (m)	إسم
Adjektiv (n)	ṣifa (f)	صفة
Verb (n)	fiʿl (m)	فعل
Adverb (n)	ẓarf (m)	ظرف
Pronomen (n)	ḍamīr (m)	ضمير

Interjektion (f)	ḥarf nidā' (m)	حرف نداء
Präposition (f)	ḥarf al ʒarr (m)	حرف الجرّ
Wurzel (f)	ʒiðr al kalima (m)	جذر الكلمة
Endung (f)	nihāya (f)	نهاية
Vorsilbe (f)	sābiqa (f)	سابقة
Silbe (f)	maqta' lafʒiy (m)	مقطع لفظيّ
Suffix (n), Nachsilbe (f)	lāḥiqa (f)	لاحقة
Betonung (f)	nabra (f)	نبرة
Punkt (m)	nuqta (f)	نقطة
Komma (n)	fāṣila (f)	فاصلة
Doppelpunkt (m)	nuqtatān ra'siyyatān (du)	نقطتان رأسيتان
Auslassungspunkte (pl)	θalāθ nuqaṭ (pl)	ثلاث نقط
Frage (f)	su'āl (m)	سؤال
Fragezeichen (n)	'alāmat istifhām (f)	علامة إستفهام
Ausrufezeichen (n)	'alāmāt ta'aʒʒub (f)	علامة تعجّب
in Anführungszeichen	bayn 'alāmatay al iqtibās	بين علامتي الإقتباس
in Klammern	bayn al qawsayn	بين القوسين
Buchstabe (m)	ḥarf (m)	حرف
Großbuchstabe (m)	ḥarf kabīr (m)	حرف كبير
Satz (m)	ʒumla (f)	جملة
Wortverbindung (f)	maʒmū'a min al kalimāt (pl)	مجموعة من الكلمات
Redensart (f)	'ibāra (f)	عبارة
Subjekt (n)	fā'il (m)	فاعل
Prädikat (n)	musnad (m)	مسند
Zeile (f)	satr (m)	سطر
Absatz (m)	fiqra (f)	فقرة
Synonym (n)	murādif (m)	مرادف
Antonym (n)	mutaḍādd luɣawiy (m)	متضادّ
Ausnahme (f)	istiθnā' (m)	إستثناء
unterstreichen (vt)	waḍa' xaṭṭ taht	وضع خطّا تحت
Regeln (pl)	qawā'id (pl)	قواعد
Grammatik (f)	an naḥw waṣ ṣarf (m)	النحو والصرف
Vokabular (n)	mufradāt al luɣa (pl)	مفردات اللغة
Phonetik (f)	ṣawtīyyāt (pl)	صوتيّات
Alphabet (n)	alifbā' (m)	الفباء
Lehrbuch (n)	kitāb ta'līm (m)	كتاب تعليم
Wörterbuch (n)	qāmūs (m)	قاموس
Sprachführer (m)	kitāb lil 'ibārāt aʃ ʃā'i'a (m)	كتاب للعبارت الشائعة
Wort (n)	kalima (f)	كلمة
Bedeutung (f)	ma'na (m)	معنى
Gedächtnis (n)	ðākira (f)	ذاكرة

18. Die Erde. Geografie

Erde (f)	al arḍ (f)	الأرض
Erdkugel (f)	al kura al arḍiyya (f)	الكرة الأرضيّة
Planet (m)	kawkab (m)	كوكب
Geographie (f)	ʒuɣrāfiya (f)	جغرافيا
Natur (f)	ṭabīʿa (f)	طبيعة
Landkarte (f)	xarīṭa (f)	خريطة
Atlas (m)	aṭlas (m)	أطلس
im Norden	fiʃ ʃimāl	في الشمال
im Süden	fil ʒanūb	في الجنوب
im Westen	fil ɣarb	في الغرب
im Osten	fiʃ ʃarq	في الشرق
Meer (n), See (f)	baḥr (m)	بحر
Ozean (m)	muḥīṭ (m)	محيط
Golf (m)	xalīʒ (m)	خليج
Meerenge (f)	maḍīq (m)	مضيق
Kontinent (m)	qārra (f)	قارّة
Insel (f)	ʒazīra (f)	جزيرة
Halbinsel (f)	ʃibh ʒazīra (f)	شبه جزيرة
Archipel (m)	maʒmūʿat ʒuzur (f)	مجموعة جزر
Hafen (m)	mīnāʾ (m)	ميناء
Korallenriff (n)	ʃiʿāb marʒāniyya (pl)	شعاب مرجانيّة
Ufer (n)	sāḥil (m)	ساحل
Küste (f)	sāḥil (m)	ساحل
Flut (f)	madd (m)	مدّ
Ebbe (f)	ʒazr (m)	جزر
Breite (f)	ʿarḍ (m)	عرض
Länge (f)	ṭūl (m)	طول
Breitenkreis (m)	mutawāzi (m)	متواز
Äquator (m)	xaṭṭ al istiwāʾ (m)	خط الإستواء
Himmel (m)	samāʾ (f)	سماء
Horizont (m)	ufuq (m)	أفق
Atmosphäre (f)	al ɣilāf al ʒawwiy (m)	الغلاف الجوّي
Berg (m)	ʒabal (m)	جبل
Gipfel (m)	qimma (f)	قمّة
Fels (m)	ʒurf (m)	جرف
Hügel (m)	tall (m)	تلّ
Vulkan (m)	burkān (m)	بركان
Gletscher (m)	nahr ʒalīdiy (m)	نهر جليدي
Wasserfall (m)	ʃallāl (m)	شلّال

Ebene (f)	sahl (m)	سهل
Fluss (m)	nahr (m)	نهر
Quelle (f)	'ayn (m)	عين
Ufer (n)	ḍiffa (f)	ضفة
stromabwärts	f ittiʒāh maʒra an nahr	في إتجاه مجرى النهر
stromaufwärts	ḍidd at tayyār	ضد التيّار

See (m)	buḥayra (f)	بحيرة
Damm (m)	sadd (m)	سدّ
Kanal (m)	qanāt (f)	قناة
Sumpf (m), Moor (n)	mustanqaʿ (m)	مستنقع
Eis (n)	ʒalīd (m)	جليد

19. Länder. Teil 1

Europa (n)	urūbba (f)	أوروبًا
Europäische Union (f)	al ittiḥād al urubbiy (m)	الإتّحاد الأوروبيّ
Europäer (m)	urūbbiy (m)	أوروبيّ
europäisch	urūbbiy	أوروبيّ

Österreich	an nimsa (f)	النمسا
Großbritannien	briṭāniya al ʿuẓma (f)	بريطانيا العظمى
England	inʒiltirra (f)	إنجلترًا
Belgien	balʒīka (f)	بلجيكا
Deutschland	almāniya (f)	ألمانيا

Niederlande (f)	hulanda (f)	هولندا
Holland (n)	hulanda (f)	هولندا
Griechenland	al yūnān (f)	اليونان
Dänemark	ad danimārk (f)	الدانمارك
Irland	irlanda (f)	أيرلندا

Island	ʾāyslanda (f)	آيسلندا
Spanien	isbāniya (f)	إسبانيا
Italien	iṭāliya (f)	إيطاليا
Zypern	qubruṣ (f)	قبرص
Malta	malṭa (f)	مالطا

Norwegen	an nirwīʒ (f)	النرويج
Portugal	al burtuɣāl (f)	البرتغال
Finnland	finlanda (f)	فنلندا
Frankreich	faransa (f)	فرنسا
Schweden	as suwayd (f)	السويد

Schweiz (f)	swīsra (f)	سويسرا
Schottland	iskutlanda (f)	اسكتلندا
Vatikan (m)	al vatikān (m)	الفاتيكان
Liechtenstein	liʃtinʃtāyn (m)	ليشتنشتاين
Luxemburg	luksimburɣ (f)	لوكسمبورغ
Monaco	munāku (f)	موناكو

Albanien	albāniya (f)	ألبانيا
Bulgarien	bulɣāriya (f)	بلغاريا
Ungarn	al maʒar (f)	المجر
Lettland	lātviya (f)	لاتفيا

Litauen	litwāniya (f)	ليتوانيا
Polen	bulanda (f)	بولندا
Rumänien	rumāniya (f)	رومانيا
Serbien	ṣirbiya (f)	صربيا
Slowakei (f)	sluvākiya (f)	سلوفاكيا

Kroatien	kruātiya (f)	كرواتيا
Tschechien	atʃ tʃīk (f)	التشيك
Estland	istūniya (f)	إستونيا
Bosnien und Herzegowina	al busna wal hirsuk (f)	البوسنة والهرسك
Makedonien	maqdūniya (f)	مقدونيا

Slowenien	sluvīniya (f)	سلوفينيا
Montenegro	al ʒabal al aswad (m)	الجبل الأسود
Weißrussland	bilarūs (f)	بيلاروس
Moldawien	muldāviya (f)	مولدافيا
Russland	rūsiya (f)	روسيا
Ukraine (f)	ukrāniya (f)	أوكرانيا

20. Länder. Teil 2

Asien	ʾāsiya (f)	آسيا
Vietnam	vitnām (f)	فيتنام
Indien	al hind (f)	الهند
Israel	isrāʾīl (f)	إسرائيل
China	aṣ ṣīn (f)	الصين

Libanon (m)	lubnān (f)	لبنان
Mongolei (f)	manɣūliya (f)	منغوليا
Malaysia	malīziya (f)	ماليزيا
Pakistan	bakistān (f)	باكستان
Saudi-Arabien	as saʿūdiyya (f)	السعوديّة

Thailand	taylānd (f)	تايلاند
Taiwan	taywān (f)	تايوان
Türkei (f)	turkiya (f)	تركيا
Japan	al yabān (f)	اليابان
Afghanistan	afɣanistān (f)	أفغانستان

Bangladesch	banʒladīʃ (f)	بنجلاديش
Indonesien	indunīsiya (f)	إندونيسيا
Jordanien	al urdun (m)	الأردن
Irak	al ʿirāq (m)	العراق
Iran	īrān (f)	إيران
Kambodscha	kambūdya (f)	كمبوديا

Kuwait	al kuwayt (f)	الكويت
Laos	lawus (f)	لاوس
Myanmar	myanmār (f)	ميانمار
Nepal	nibāl (f)	نيبال

Vereinigten Arabischen Emirate	al imārāt al 'arabiyya al muttaḥida (pl)	الإمارات العربيّة المتّحدة
Syrien	sūriya (f)	سوريا
Palästina	filisṭīn (f)	فلسطين
Südkorea	kuriya al ʒanūbiyya (f)	كوريا الجنوبيّة
Nordkorea	kūria aʃ ʃimāliyya (f)	كوريا الشماليّة

| Die Vereinigten Staaten | al wilāyāt al muttaḥida al amrīkiyya (pl) | الولايات المتّحدة الأمريكيّة |

Kanada	kanada (f)	كندا
Mexiko	al maksīk (f)	المكسيك
Argentinien	arʒantīn (f)	الأرجنتين
Brasilien	al brazīl (f)	البرازيل

Kolumbien	kulumbiya (f)	كولومبيا
Kuba	kūba (f)	كوبا
Chile	tʃīli (f)	تشيلي
Venezuela	vinizwiyla (f)	فنزويلا
Ecuador	al iqwadūr (f)	الإكوادور

Die Bahamas	ʒuzur bahāmas (pl)	جزر باهاماس
Panama	banama (f)	بنما
Ägypten	miṣr (f)	مصر
Marokko	al maɣrib (m)	المغرب
Tunesien	tūnis (f)	تونس

Kenia	kiniya (f)	كينيا
Libyen	lībiya (f)	ليبيا
Republik Südafrika	ʒumhūriyyat afrīqiya al ʒanūbiyya (f)	جمهريّة أفريقيا الجنوبيّة

| Australien | usturāliya (f) | أستراليا |
| Neuseeland | nyu zilanda (f) | نيوزيلندا |

21. Wetter. Naturkatastrophen

Wetter (n)	ṭaqs (m)	طقس
Wetterbericht (m)	naʃra ʒawwiyya (f)	نشرة جوّيّة
Temperatur (f)	ḥarāra (f)	حرارة
Thermometer (n)	tirmūmitr (m)	ترمومتر
Barometer (n)	barūmitr (m)	بارومتر

Sonne (f)	ʃams (f)	شمس
scheinen (vi)	aḍā'	أضاء
sonnig (Adj)	muʃmis	مشمس
aufgehen (vi)	ʃaraq	شرق

untergehen (vi)	ɣarab	غرب
Regen (m)	maṭar (m)	مطر
Es regnet	innaha tamṭur	إنّها تمطر
strömender Regen (m)	maṭar munhamir (f)	مطر منهمر
Regenwolke (f)	saḥābat maṭar (f)	سحابة مطر
Pfütze (f)	birka (f)	بركة
nass werden (vi)	ibtall	إبتلّ
Gewitter (n)	ʿāṣifa raʿdiyya (f)	عاصفة رعديّة
Blitz (m)	barq (m)	برق
blitzen (vi)	baraq	برق
Donner (m)	raʿd (m)	رعد
Es donnert	tarʿad as samāʾ	ترعد السماء
Hagel (m)	maṭar bard (m)	مطر برد
Es hagelt	tamṭur as samāʾ bardan	تمطر السماء بردًا
Hitze (f)	ḥarāra (f)	حرارة
ist heiß	al ʒaww ḥārr	الجوّ حارّ
ist warm	al ʒaww dāfiʾ	الجوّ دافئ
ist kalt	al ʒaww bārid	الجوّ بارد
Nebel (m)	ḍabāb (m)	ضباب
neblig (-er Tag)	muḍabbab	مضبّب
Wolke (f)	saḥāba (f)	سحابة
bewölkt, wolkig	ɣāʾim	غائم
Feuchtigkeit (f)	ruṭūba (f)	رطوبة
Schnee (m)	θalʒ (m)	ثلج
Es schneit	innaha taθluʒ	إنّها تثلج
Frost (m)	ṣaqīʿ (m)	صقيع
unter Null	taḥt aṣ ṣifr	تحت الصفر
Reif (m)	ṣaqīʿ (m)	صقيع
Unwetter (n)	ṭaqs sayyiʾ (m)	طقس سيّء
Katastrophe (f)	kāriθa (f)	كارثة
Überschwemmung (f)	fayaḍān (m)	فيضان
Lawine (f)	inhiyār θalʒiy (m)	إنهيار ثلجيّ
Erdbeben (n)	zilzāl (m)	زلزال
Erschütterung (f)	hazza arḍiyya (f)	هزّة أرضيّة
Epizentrum (n)	markaz az zilzāl (m)	مركز الزلزال
Ausbruch (m)	θawrān (m)	ثوران
Lava (f)	ḥumam burkāniyya (pl)	حمم بركانيّة
Wirbelsturm (m), Tornado (m)	iʿṣār (m)	إعصار
Orkan (m)	iʿṣār (m)	إعصار
Tsunami (m)	tsunāmi (m)	تسونامي
Zyklon (m)	iʿṣār (m)	إعصار

22. Tiere. Teil 1

Tier (n)	ḥayawān (m)	حيوان
Raubtier (n)	ḥayawān muftaris (m)	حيوان مفترس
Tiger (m)	namir (m)	نمر
Löwe (m)	asad (m)	أسد
Wolf (m)	ði'b (m)	ذئب
Fuchs (m)	θaʿlab (m)	ثعلب
Jaguar (m)	namir amrīkiy (m)	نمر أمريكيّ
Luchs (m)	waʃaq (m)	وشق
Kojote (m)	qayūṭ (m)	قيوط
Schakal (m)	ibn 'āwa (m)	ابن آوى
Hyäne (f)	ḍabuʿ (m)	ضبع
Eichhörnchen (n)	sinʒāb (m)	سنجاب
Igel (m)	qumfuð (m)	قنفذ
Kaninchen (n)	arnab (m)	أرنب
Waschbär (m)	rākūn (m)	راكون
Hamster (m)	qidād (m)	قداد
Maulwurf (m)	χuld (m)	خلد
Maus (f)	fa'r (m)	فأر
Ratte (f)	ʒurað (m)	جرذ
Fledermaus (f)	χuffāʃ (m)	خفاش
Biber (m)	qundus (m)	قندس
Pferd (n)	ḥiṣān (m)	حصان
Hirsch (m)	ayyil (m)	أيّل
Kamel (n)	ʒamal (m)	جمل
Zebra (n)	ḥimār zarad (m)	حمار زرد
Wal (m)	ḥūt (m)	حوت
Seehund (m)	fuqma (f)	فقمة
Walroß (n)	fazẓ (m)	فظّ
Delfin (m)	dilfīn (m)	دلفين
Bär (m)	dubb (m)	دبّ
Affe (m)	qird (m)	قرد
Elefant (m)	fīl (m)	فيل
Nashorn (n)	χartīt (m)	خرتيت
Giraffe (f)	zarāfa (f)	زرافة
Flusspferd (n)	faras an nahr (m)	فرس النهر
Känguru (n)	kanɣar (m)	كنغر
Katze (f)	qiṭṭa (f)	قطّة
Hund (m)	kalb (m)	كلب
Kuh (f)	baqara (f)	بقرة
Stier (m)	θawr (m)	ثور

| Schaf (n) | xarūf (f) | خروف |
| Ziege (f) | māʿiz (m) | ماعز |

Esel (m)	ḥimār (m)	حمار
Schwein (n)	xinzīr (m)	خنزير
Huhn (n)	daʒāʒa (f)	دجاجة
Hahn (m)	dīk (m)	ديك

Ente (f)	baṭṭa (f)	بطّة
Gans (f)	iwazza (f)	إوزّة
Pute (f)	daʒāʒ rūmiy (m)	دجاج رومي
Schäferhund (m)	kalb raʿy (m)	كلب رعي

23. Tiere. Teil 2

Vogel (m)	ṭāʾir (m)	طائر
Taube (f)	ḥamāma (f)	حمامة
Spatz (m)	ʿuṣfūr (m)	عصفور
Meise (f)	qurquf (m)	قرقف
Elster (f)	ʿaqʿaq (m)	عقعق

Adler (m)	nasr (m)	نسر
Habicht (m)	bāz (m)	باز
Falke (m)	ṣaqr (m)	صقر

Schwan (m)	timma (m)	تمّ
Kranich (m)	kurkiy (m)	كركي
Storch (m)	laqlaq (m)	لقلق
Papagei (m)	babaɣāʾ (m)	ببغاء
Pfau (m)	ṭāwūs (m)	طاووس
Strauß (m)	naʿāma (f)	نعامة

Reiher (m)	balaʃūn (m)	بلشون
Nachtigall (f)	bulbul (m)	بلبل
Schwalbe (f)	sunūnū (m)	سنونو
Specht (m)	naqqār al xaʃab (m)	نقّار الخشب
Kuckuck (m)	waqwāq (m)	وقواق
Eule (f)	būma (f)	بومة

Pinguin (m)	biṭrīq (m)	بطريق
Tunfisch (m)	tūna (f)	تونة
Forelle (f)	salmūn muraqqaṭ (m)	سلمون مرقّط
Aal (m)	ḥankalīs (m)	حنكليس

Hai (m)	qirʃ (m)	قرش
Krabbe (f)	salṭaʿūn (m)	سلطعون
Meduse (f)	qindīl al baḥr (m)	قنديل البحر
Krake (m)	uxṭubūṭ (m)	أخطبوط
Seestern (m)	naʒmat al baḥr (f)	نجمة البحر
Seeigel (m)	qumfuð al baḥr (m)	قنفذ البحر

Seepferdchen (n)	ḥiṣān al baḥr (m)	فرس البحر
Garnele (f)	ʒambari (m)	جمبري
Schlange (f)	θuʿbān (m)	ثعبان
Viper (f)	afʿa (f)	أفعى
Eidechse (f)	siḥliyya (f)	سحليّة
Leguan (m)	iɣwāna (f)	إغوانة
Chamäleon (n)	ḥirbāʾ (f)	حرباء
Skorpion (m)	ʿaqrab (m)	عقرب
Schildkröte (f)	sulaḥfāt (f)	سلحفاة
Frosch (m)	ḍifḍaʿ (m)	ضفدع
Krokodil (n)	timsāḥ (m)	تمساح
Insekt (n)	ḥaʃara (f)	حشرة
Schmetterling (m)	farāʃa (f)	فراشة
Ameise (f)	namla (f)	نملة
Fliege (f)	ðubāba (f)	ذبابة
Mücke (f)	namūsa (f)	ناموسة
Käfer (m)	xunfusa (f)	خنفسة
Biene (f)	naḥla (f)	نحلة
Spinne (f)	ʿankabūt (m)	عنكبوت
Marienkäfer (m)	daʿsūqa (f)	دعسوقة

24. Flora. Bäume

Baum (m)	ʃaʒara (f)	شجرة
Birke (f)	batūla (f)	بتولا
Eiche (f)	ballūṭ (f)	بلوط
Linde (f)	ʃaʒarat zayzafūn (f)	شجرة زيزفون
Espe (f)	ḥawr raʒrāʒ (m)	حور رجراج
Ahorn (m)	qayqab (f)	قيقب
Fichte (f)	ratinaʒ (f)	راتينج
Kiefer (f)	ṣanawbar (f)	صنوبر
Zeder (f)	arz (f)	أرز
Pappel (f)	ḥawr (f)	حور
Vogelbeerbaum (m)	ɣubayrāʾ (f)	غبراء
Buche (f)	zān (m)	زان
Ulme (f)	dardār (f)	دردار
Esche (f)	marān (f)	مران
Kastanie (f)	kastanāʾ (f)	كستناء
Palme (f)	naxla (f)	نخلة
Strauch (m)	ʃuʒayra (f)	شجيرة
Pilz (m)	fuṭr (f)	فطر
Giftpilz (m)	fuṭr sāmm (m)	فطر سامّ
Steinpilz (m)	fuṭr bulīṭ maʾkūl (m)	فطر بوليط مأكول

Täubling (m)	fuṭr russūla (m)	فطر روسّولا
Fliegenpilz (m)	fuṭr amānīt aṭ ṭāʾir as sāmm (m)	فطر أمانيت الطائر السامّ
Grüner Knollenblätterpilz	fuṭr amānīt falusyāniy as sāmm (m)	فطر أمانيت فالوسياني السامّ
Blume (f)	zahra (f)	زهرة
Blumenstrauß (m)	bāqat zuhūr (f)	باقة زهور
Rose (f)	warda (f)	وردة
Tulpe (f)	tulīb (f)	توليب
Nelke (f)	qurumful (m)	قرنفل
Kamille (f)	babunʒ (m)	بابونج
Kaktus (m)	ṣabbār (m)	صبّار
Maiglöckchen (n)	sawsan al wādi (m)	سوسن الوادي
Schneeglöckchen (n)	zahrat al laban (f)	زهرة اللبن
Seerose (f)	nilūfar (m)	نيلوفر
Gewächshaus (n)	dafīʾa (f)	دفيئة
Rasen (m)	ʿuʃb (m)	عشب
Blumenbeet (n)	ʒunaynat zuhūr (f)	جنينة زهور
Pflanze (f)	nabāt (m)	نبات
Gras (n)	ʿuʃb (m)	عشب
Blatt (n)	waraqa (f)	ورقة
Blütenblatt (n)	waraqat az zahra (f)	ورقة الزهرة
Stiel (m)	sāq (f)	ساق
Jungpflanze (f)	nabta saɣīra (f)	نبتة صغيرة
Getreidepflanzen (pl)	maḥāṣīl al ḥubūb (pl)	محاصيل الحبوب
Weizen (m)	qamḥ (m)	قمح
Roggen (m)	ʒāwdār (m)	جاودار
Hafer (m)	ʃūfān (m)	شوفان
Hirse (f)	duχn (m)	دخن
Gerste (f)	ʃaʿīr (m)	شعير
Mais (m)	ðura (f)	ذرَة
Reis (m)	urz (m)	أرز

25. Verschiedene nützliche Wörter

Anfang (m)	bidāya (f)	بداية
Anstrengung (f)	ʒuhd (m)	جهد
Anteil (m)	ʒuzʾ (m)	جزء
Art (Typ, Sorte)	nawʿ (m)	نوع
Auswahl (f)	iχtiyār (m)	إختيار
Basis (f)	asās (m)	أساس
Beispiel (n)	miθāl (m)	مثال
Bilanz (f)	tawāzun (m)	توازن

dringend (Adj)	'āʒil	عاجل
Effekt (m)	ta'θīr (m)	تأثير
Eigenschaft (Werkstoff~)	xaṣṣa (f)	خاصّة
Element (n)	ʿunṣur (m)	عنصر
Entwicklung (f)	tanmiya (f)	تنمية
Fachwort (n)	muṣṭalaḥ (m)	مصطلح
Fehler (m)	xaṭa' (m)	خطأ
Form (z.B. Kugel-)	ʃakl (m)	شكل
Fortschritt (m)	taqaddum (m)	تقدّم
Geheimnis (n)	sirr (m)	سرّ
Grad (Ausmaß)	daraʒa (f)	درجة
Halt (m), Pause (f)	istirāḥa (f)	إستراحة
Hilfe (f)	musāʿada (f)	مساعدة
Ideal (n)	miθāl (m)	مثال
Kategorie (f)	fi'a (f)	فئة
Lösung (Problem usw.)	ḥall (m)	حلّ
Moment (m)	laḥza (f)	لحظة
Nutzen (m)	manfaʿa (f)	منفعة
Pause (kleine ~)	istirāḥa (f)	إستراحة
Position (f)	mawqif (m)	موقف
Problem (n)	muʃkila (f)	مشكلة
Prozess (m)	ʿamaliyya (f)	عمليّة
Reaktion (f)	radd fiʿl (m)	ردّ فعل
Reihe (Sie sind an der ~)	dawr (m)	دور
Risiko (n)	muxāṭara (f)	مخاطرة
Serie (f)	silsila (f)	سلسلة
Situation (f)	ḥāla (f), waḍʿ (m)	حالة, وضع
Standard-	qiyāsiy	قياسيّ
Stil (m)	uslūb (m)	أسلوب
Hindernis (n)	ʿaqba (f)	عقبة
System (n)	niẓām (m)	نظام
Tabelle (f)	ʒadwal (m)	جدول
Tatsache (f)	ḥaqīqa (f)	حقيقة
Tempo (n)	surʿa (f)	سرعة
Unterschied (m)	farq (m)	فرق
Variante (f)	ʃakl muxtalif (m)	شكل مختلف
Vergleich (m)	muqārana (f)	مقارنة
Wahrheit (f)	ḥaqīqa (f)	حقيقة
Weise (Weg, Methode)	ṭarīqa (f)	طريقة
Zone (f)	mintaqa (f)	منطقة
Zufall (m)	ṣudfa (f)	صدفة

26. Adjektive. Teil 1

ähnlich	ʃabīh	شبيه
alt (z.B. die -en Griechen)	qadīm	قديم
alt, betagt	qadīm	قديم
andauernd	mumtadd	ممتد
arm	faqīr	فقير
ausgezeichnet	mumtāz	ممتاز
Außen-, äußer	χāriʒiy	خارجي
bitter	murr	مر
blind	a'ma	أعمى
der letzte	ʾāχir	آخر
dicht (-er Nebel)	kaθīf	كثيف
dumm	ɣabiy	غبي
einfach (Problem usw.)	sahl	سهل
eng, schmal (Straße usw.)	ḍayyiq	ضيق
ergänzend	iḍāfiy	إضافي
flüssig	sā'il	سائل
fruchtbar (-er Böden)	χaṣib	خصب
gebraucht	mustaʿmal	مستعمل
gebräunt (sonnen-)	asmar	أسمر
gefährlich	χaṭīr	خطير
gegensätzlich	muqābil	مقابل
genau, pünktlich	daqīq	دقيق
gerade, direkt	mustaqīm	مستقيم
geräumig (Raum)	wāsiʿ	واسع
gesetzlich	qānūniy, ʃarʿiy	قانوني، شرعي
gewöhnlich	ʿādiy	عادي
glatt (z.B. poliert)	amlas	أملس
glücklich	saʿīd	سعيد
groß	kabīr	كبير
hart (harter Stahl)	ʒāmid	جامد
Haupt-	raʾīsi	رئيسي
hauptsächlich	asāsiy	أساسي
Heimat-	aṣliy	أصلي
höflich	mu'addab	مؤدب
innen-	dāχiliy	داخلي
Kinder-	lil aṭfāl	للأطفال
klein	ṣaɣīr	صغير
klug, clever	ðakiy	ذكي
kompatibel	mutawāfiq	متوافق
kostenlos, gratis	maʒʒāniy	مجاني
krank	marīḍ	مريض
künstlich	ṣināʿiy	صناعي

kurz (räumlich)	qaṣīr	قصير
lang (langwierig)	ṭawīl	طويل
laut (-e Stimme)	ʿāli	عال
lecker	laðīð	لذيذ
leer (kein Inhalt)	χāli	خال
leicht (wenig Gewicht)	χafīf	خفيف
leise (~ sprechen)	munχafiḍ	منخفض
link (-e Seite)	al yasār	اليسار

27. Adjektive. Teil 2

matt (Lack usw.)	munṭafiʾ	منطفئ
möglich	mumkin	ممكن
nächst (am -en Tag)	muqbil	مقبل
negativ	salbiy	سلبيّ
neu	ʒadīd	جديد
nicht schwierig	ɣayr ṣaʿb	غير صعب
normal	ʿādiy	عاديّ
obligatorisch, Pflicht-	ḍarūriy	ضروريّ
offen	maftūḥ	مفتوح
öffentlich	ʿāmm	عامّ
original (außergewöhnlich)	aṣliy	أصليّ
persönlich	ʃaχṣiy	شخصيّ
rätselhaft	ɣarīb	غريب
recht (-e Hand)	al yamīn	اليمين
reif (Frucht usw.)	nāḍiʒ	ناضج
riesig	ḍaχm	ضخم
riskant	χaṭir	خطر
roh (nicht gekocht)	nayy	نيّ
sauber (rein)	naẓīf	نظيف
sauer	ḥāmiḍ	حامض
scharf (-e Messer usw.)	ḥādd	حادّ
schlecht	sayyiʾ	سيّئ
schmutzig	wasiχ	وسخ
schnell	sarīʿ	سريع
schön (-es Mädchen)	ʒamīl	جميل
schwierig	ṣaʿb	صعب
seicht (nicht tief)	ḍaḥl	ضحل
selten	nādir	نادر
speziell, Spezial-	χāṣṣ	خاصّ
stark (-e Konstruktion)	matīn	متين
stark (kräftig)	qawiy	قويّ
süß	musakkar	مسكّر
Süß- (Wasser)	ʿaðb	عذب

tiefgekühlt	muʒammad	مجمّد
tot	mayyit	ميّت
traurig, unglücklich	ḥazīn	حزين
übermäßig	mufriṭ	مفرط
unbeweglich	θābit	ثابت
undeutlich	ɣayr wāḍiḥ	غير واضح
Untergrund- (geheim)	sirriy	سرّيّ
voll (gefüllt)	malyān	مليان
vorig (in der -en Woche)	māḍi	ماض
vorzüglich	mumtāz	ممتاز
wahrscheinlich	muḥtamal	محتمل
weich (-e Wolle)	ṭariy	طريّ
wichtig	muhimm	مهمّ
zentral (in der Mitte)	markaziy	مركزيّ
zerbrechlich (Porzellan usw.)	haʃʃ	هشّ
zufrieden	rāḍi	راض

28. Verben. Teil 1

abbiegen (nach links ~)	in'aṭaf	إنعطف
abbrechen (vi)	anha	أنهى
abhängen von …	ta'allaq bi …	تعلّق بـ…
abschaffen (vt)	alɣa	ألغى
abschicken (vt)	arsal	أرسل
ändern (vt)	ɣayyar	غيّر
Angst haben	xāf	خاف
anklagen (vt)	ittaham	إتّهم
ankommen (vi)	waṣal	وصل
ansehen (vt)	naẓar	نظر
antworten (vi)	aʒāb	أجاب
ankündigen (vt)	a'lan	أعلن
arbeiten (vi)	'amal	عمل
auf … zählen	i'tamad 'ala …	إعتمد على…
aufbewahren (vt)	ḥafaẓ	حفظ
aufräumen (vt)	rattab	رتّب
ausschalten (vt)	ṭaffa	طفّى
bauen (vt)	bana	بنى
beenden (vt)	atamm	أتمّ
beginnen (vt)	bada'	بدأ
bekommen (vt)	istalam	إستلم
besprechen (vt)	nāqaʃ	ناقش
bestätigen (vt)	aθbat	أثبت
bestehen auf	aṣarr	أصرّ

109

beten (vi)	ṣalla	صلّى
beweisen (vt)	aθbat	أثبت
brechen (vt)	kasar	كسر

danken (vi)	ʃakar	شكر
denken (vi, vt)	ẓann	ظنّ
einladen (vt)	da'a	دعا
einschalten (vt)	fataḥ, ʃaɣɣal	فتح، شغّل
einstellen (vt)	tawaqqaf	توقّف

entscheiden (vt)	qarrar	قرّر
entschuldigen (vt)	'aðar	عذر
erklären (vt)	ʃaraḥ	شرح
erlauben, gestatten (vt)	samaḥ	سمح
ermorden (vt)	qatal	قتل

erzählen (vt)	ḥaddaθ	حدّث
essen (vi, vt)	akal	أكل
existieren (vi)	kān mawʒūd	كان موجودًا
fallen (vi)	saqaṭ	سقط
fallen lassen	awqa'	أوقع

fangen (vt)	amsak	أمسك
fehlen (am Arbeitsplatz ~)	ɣāb	غاب
finden (vt)	waʒad	وجد
fliegen (vi)	ṭār	طار
fragen (vt)	sa'al	سأل
frühstücken (vi)	afṭar	أفطر

29. Verben. Teil 2

geben (vt)	a'ṭa	أعطى
geboren sein	wulid	وُلد
gefallen (vi)	a'ʒab	أعجب
gehen (zu Fuß gehen)	maʃa	مشى
gehören (vi)	xaṣṣ	خصّ

glauben (vt)	'āman	آمن
graben (vt)	ḥafar	حفر
gratulieren (vi)	hanna'	هنّأ

haben (vt)	malak	ملك
hassen (vt)	karah	كره
helfen (vi)	sā'ad	ساعد
hoffen (vi)	tamanna	تمنّى
hören (vt)	sami'	سمع
jagen (vi)	iṣṭād	إصطاد

| kaufen (vt) | iʃtara | إشترى |
| kennen (vt) | 'araf | عرف |

klagen (vi)	ʃaka	شكا
können (v mod)	istaṭāʿ	إستطاع
können (v mod)	istaṭāʿ	إستطاع
kopieren (vt)	nasaχ	نسخ
kosten (vt)	kallaf	كلف
kränken (vt)	ahān	أهان
lächeln (vi)	ibtasam	إبتسم
laufen (vi)	ʒara	جرى
lernen (vt)	daras	درس
lesen (vi, vt)	qara'	قرأ
lieben (vt)	ahabb	أحبَ
löschen (vt)	masah	مسح
machen (vt)	ʿamal	عمل
mieten (Haus usw.)	ista'ʒar	إستأجر
müde werden	taʿib	تعب
nehmen (vt)	aχað	أخذ
noch einmal sagen	karrar	كرَر
öffnen (vt)	fatah	فتح
prüfen (vt)	iχtabar	إختبر
rechnen (vt)	ʿadd	عدَ
reservieren (vt)	haʒaz	حجز
retten (vt)	anqað	أنقذ
sagen (vt)	qāl	قال
schaffen (Etwas Neues zu ~)	χalaq	خلق
schießen (vi)	aṭlaq an nār	أطلق النار
schlagen (vt)	darab	ضرب
schließen (vt)	aɣlaq	أغلق
schreiben (vi, vt)	katab	كتب
schreien (vi)	ṣaraχ	صرخ
schwimmen (vi)	sabah	سبح
sehen (vi, vt)	ra'a	رأى

30. Verben. Teil 3

sich beeilen	istaʿʒal	إستعجل
sich beeilen	istaʿʒal	إستعجل
sich entschuldigen	iʿtaðar	إعتذر
sich irren	aχṭa'	أخطأ
sich prügeln	taʿārak	تعارك
sich scheiden lassen	ṭallaq	طلَق
sich setzen	ʒalas	جلس
sich treffen	qābal	قابل
gehorchen (vi)	ṭāʿ	طاع

singen (vt)	ɣanna	غنّى
spielen (vi, vt)	laʿib	لعب
sprechen (vi)	takallam	تكلّم

sprechen mit …	takallam maʿa …	تكلّم مع...
stehlen (vt)	saraq	سرق
sterben (vi)	māt	مات
stören (vt)	azʿaʒ	أزعج
tanzen (vi, vt)	raqaṣ	رقص
tauchen (vi)	ɣāṣ	غاص

täuschen (vt)	xadaʿ	خدع
teilnehmen (vi)	iʃtarak	إشترك
trinken (vt)	ʃarib	شرب
trocknen (vt)	ʒaffaf	جفّف
übersetzen (Buch usw.)	tarʒam	ترجم
unterschreiben (vt)	waqqaʿ	وقّع

verachten (vt)	iḥtaqar	إحتقر
verbieten (vt)	manaʿ	منع
vergessen (vt)	nasiy	نسي
vergleichen (vt)	qāran	قارن
verkaufen (vt)	bāʿ	باع
verlangen (vt)	ṭālib	طالب

verlieren (Regenschirm usw.)	faqad	فقد
verneinen (vt)	ankar	أنكر
versäumen (vt)	ɣāb	غاب
verschwinden (vi)	ixtafa	إختفى
versprechen (vt)	waʿad	وعد
verstecken (vt)	xabaʾ	خبأ

verstehen (vt)	fahim	فهم
versuchen (vt)	ḥāwal	حاول
vertrauen (vi)	waθiq	وثق
verzeihen (vt)	ʿafa	عفا
voraussehen (vt)	tanabbaʾ	تنبّأ
vorschlagen (vt)	iqtaraḥ	إقترح

wählen (vt)	ixtār	إختار
warten (vi)	intazar	إنتظر
weinen (vi)	baka	بكى
wissen (vt)	ʿaraf	عرف
Witz machen	mazaḥ	مزح
wollen (vt)	arād	أراد
zahlen (vt)	dafaʿ	دفع

zeigen (jemandem etwas)	ʿaraḍ	عرض
zu Abend essen	taʿaʃʃa	تعشّى
zu Mittag essen	taɣadda	تغدّى
zubereiten (vt)	ḥaḍḍar	حضّر

| zustimmen (vi) | ittafaq | إتَّفق |
| zweifeln (vi) | ʃakk fi | شكّ في |

.